Direitos LGBTQIAPN+

Blucher

Série Conhecimento

Direitos LGBTQIAPN+

Tânia Nigri

Direitos LGBTQIAPN+
© 2024 Tânia Nigri

Imagem da capa iStockphoto

Segundo o Novo Acordo Ortográfico, conforme 6. ed. do Vocabulário Ortográfico
da Língua Portuguesa, Academia Brasileira de Letras, julho de 2021.

Publisher Edgard Blücher
Editor Eduardo Blücher

Coordenação editorial Rafael Fulanetti
Coordenação de produção Andressa Lira
Produção editorial Gabriella de Lima Oliveira
Preparação de texto Gabriela Castro e Regiane da Silva Miyashiro
Diagramação Guilherme Salvador
Revisão de texto Samira Panini
Capa Laércio Flenic
Projeto gráfico de capa e miolo Leandro Cunha

DADOS INTERNACIONAIS DE CATALOGAÇÃO NA PUBLICAÇÃO (CIP)
Angélica Ilacqua CRB-8/7057

Nigri, Tânia
Direitos LGBTQIAPN+ / Tânia Nigri.- São Paulo : Blucher, 2024.

144 p. (Série Conhecimento)

Bibliografia
ISBN 978-85-212-2338-2

1. Direitos dos homossexuais - Brasil 2. Casamento entre homossexuais - Legislação - Brasil 3. Transexuais - Estatuto legal, leis, etc. I. Título II. Série

24-4612 CDD 346.810168

Índice para catálogo sistemático:
1. Direitos dos homossexuais - Brasil

Blucher

Rua Pedroso Alvarenga, 1245, 4° andar
04531-934 - São Paulo - SP - Brasil
Tel.: 55 11 3078-5366
contato@blucher.com.br
www.blucher.com.br

AGRADECIMENTOS

Quero agradecer aos meus amigos e amigas Viviane Gama Neves, Pablo Bezerra Luciano, Renata Fogaça, Raphaella Adler Zolko, que me auxiliaram na revisão do texto e a todos os que lutaram e lutam, incansavelmente, pelos direitos LGBTQIAPN+. Este livro é um tributo à sua dedicação e coragem.

"Um novo tempo há de vencer
Pra que a gente possa florescer
E, baby, amar, amar sem temer"

Flutua – música de Johnny Hooke

CONTEÚDO

INTRODUÇÃO

Quando nos referirmos à orientação sexual, afetiva ou emocional, jamais devemos dizer que a pessoa tem uma "opção sexual", já que ninguém escolhe seu desejo ou a ausência dele. Também não devemos utilizar a expressão "homossexualismo", já que o sufixo "ismo" é associado a doenças ou anormalidades, o que torna a palavra um termo preconceituoso.[1] Homossexualidade ou pessoa homoafetiva são as formas corretas de se referir a uma pessoa homossexual.

Antes de avançarmos, precisamos explicar que a orientação sexual se refere à capacidade de ter uma profunda atração emocional, afetiva ou sexual, assim como ter relações íntimas e sexuais, por indivíduos de gênero diferente, do mesmo gênero ou de mais de um gênero. Segundo a Wikipedia

> *os Princípios de Yogyakarta são um documento sobre direitos humanos nas áreas de orientação sexual e identidade de gênero, publicado em novembro de 2006 como resultado de uma reunião internacional de grupos de direitos humanos na cidade de Joguejacarta (em indonésio:*

1 A homossexualidade não é considerada patologia pela Organização Mundial da Saúde (OMS) desde 1990, ocasião em que foi alterada a Classificação Internacional de Doenças (CID), declarando que "a homossexualidade não constitui doença, nem distúrbio e nem perversão".

> *Yogyakarta), na Indonésia. Os Princípios foram complementados em 2017, expandindo-se para incluir mais formas de expressão de gênero e características sexuais, além de vários novos princípios. Os Princípios, e sua extensão de 2017, contêm um conjunto de preceitos destinados a aplicar os padrões da lei internacional de direitos humanos ao tratar de situações de violação dos direitos humanos de lésbicas, gays, bissexuais, transgêneros, intersexuais e demais dissidências sexuais.*[2]

Heterossexuais se atraem por pessoas do gênero oposto; homossexuais se atraem por pessoas do mesmo gênero. A bissexualidade é popularmente conhecida pelo caráter binário, mas não é bem assim. Pessoas bissexuais, na verdade, sentem atração por mais de um gênero, portanto, elas podem

2 Segundo a Wikipédia "*os Princípios de Yogyakarta* são um documento sobre direitos humanos nas áreas de orientação sexual e identidade de gênero, publicado em novembro de 2006 como resultado de uma reunião internacional de grupos de direitos humanos na cidade de Joguejacarta (em indonésio: Yogyakarta), na Indonésia. Os Princípios foram complementados em 2017, expandindo-se para incluir mais formas de expressão de gênero e características sexuais, além de vários novos princípios. Os Princípios, e sua extensão de 2017, contêm um conjunto de preceitos destinados a aplicar os padrões da lei internacional de direitos humanos ao tratar de situações de violação dos direitos humanos de lésbicas, gays, bissexuais, transgêneros, intersexuais e demais dissidências sexuais", texto completo disponível em: https://www.clam.org.br/uploads/conteudo/principios_de_yogyakarta.pdf. Acesso em: 24 jun. 2024.

ser emocional, romântica ou sexualmente atraídas por quem está fora dessa binaridade, como pessoas não binárias, *queers*, de gênero fluido, homens e mulheres cis, homens e mulheres trans. Enquanto na bissexualidade a pessoa pode ter preferência por alguns gêneros, a pansexualidade é a atração por todos. Para quem é pan, o gênero não importa nem entra na conta. É aquele famoso: "gosto de pessoas, não importa o gênero".[3]

A assexualidade pode ser definida como a ausência de desejo sexual por qualquer gênero. No entanto, pode acontecer de pessoas assexuais sentirem atração por um dos gêneros (ou ambos) em situações específicas. Chamar uma pessoa assexual de assexuada é pejorativo, pois assexuados são seres vivos que se reproduzem sem troca de gametas, enquanto pessoas assexuais não sentem atração sexual por outras.[4]

A identidade de gênero se refere a como a pessoa se identifica, sendo mulher ou homem. O cisgênero é quem se identifica com o gênero que lhe foi atribuído ao nascimento. Quem não se identifica nem como homem, nem como mulher é chamado de não binário. Já o transgênero é o oposto do cisgênero, ou seja, se identifica com um gênero diferente do que lhe foi dado ao nascimento.[5]

3 Sousa, N. *Qual a diferença entre bissexual e pansexual?* Disponível em: https://azmina.com.br/reportagens/qual-a-diferenca-entre-ser-bi-ou-pansexual/. Abr., 2023.

4 Mitos LGBTIA+: Assexualidade. Disponível em: https://www.sbmfc.org.br/noticias/mitos-lgbtia-assexualidade/. Acesso em: 26 set. 2023.

5 Identidade de gênero e orientação sexual: Entenda a diferença. Disponível em: https://www.prefeitura.sp.gov.br/cidade/secretarias/saude/noticias/?p=325227. Acesso em: 13 set. 2023.

O termo correto é “orientação sexual” e não “opção sexual”. Evite usar “homossexualismo”, pois o sufixo “-ismo” está associado a doenças. Prefira “homossexualidade” ou “pessoa homoafetiva”.

No Brasil dos anos 1990, foi muito difundida a sigla GLS (gays, lésbicas e simpatizantes) para qualificar espaços, produtos ou serviços destinados ao público homossexual. Contudo, nas últimas décadas, a sigla caiu em desuso, a partir da percepção de que não era suficientemente inclusiva, dada a falta de referência a outras formas de expressão de afetividade e sexualidade. Além disso, entendeu-se que seria necessário dar maior visibilidade às lésbicas, de modo que a letra "L" acabou encabeçando a nova sigla: LGBT (lésbicas, gays, bissexuais, transexuais e travestis).

O termo LGBT foi usado pela primeira vez no Brasil em 2008 durante a 1ª Conferência Nacional de Gays, Lésbicas, Bissexuais, Travestis e Transexuais em Brasília, tendo a sigla evoluído ao longo dos anos para incluir outras identidades de gênero e sexualidades. A sigla que compreende o conjunto de identidades de gênero e as mais diversas orientações sexuais acompanha a evolução com que o tema é tratado na sociedade, além da luta das comunidades por representatividade e menos exclusão. Com o passar dos anos, somado ao fortalecimento de outras orientações, identidades e expressões de gênero, como queers, intersexuais e assexuais, a sigla foi aumentando.

Os movimentos voltados aos direitos humanos passaram a adotar as siglas LGBTI+, depois LGBTQIA+, LGBTQIAP+ e LGBTQIAPN+,[6] sendo esta última a mais abrangente,

6 A Parada do Orgulho LGBT de São Paulo usa a sigla original, de 2008, com a adição do "+", uma referência a outras identidades de gênero e orientações sexuais, representando a pluralidade da comunidade LGBTQIA+.

que utilizaremos neste livro. Alguns coletivos representativos como a ABGLT (Associação Brasileira de Gays, Lésbicas, Bissexuais, Travestis, Transexuais e Intersexo) e a ANTRA (Associação Nacional de Travestis e Transexuais) têm usado as siglas LGBTQIAP+ ou LGBTQIA+, mas é preciso registrar que nenhuma das siglas citadas é incorreta.[7]

Atualmente, o acrônimo utilizado pelo Decreto nº 11.471, de 6/4/2023, expedido pelo Presidente da República Luiz Inácio Lula da Silva e pelo Ministro Silvio Luiz de Almeida, é LGBTQIA+.

É de fundamental importância registrar que

> além do debate acerca da sigla mais apropriada, há muita divergência sobre o significado de cada letra, mas adotaremos a descrição abaixo, ressaltando que é apenas uma das descrições possíveis, entre muitas outras.
>
> **L: Lésbicas** – são pessoas do gênero feminino (cisgênero – pessoas que se identificam com o sexo biológico –, ou transgênero) que sentem atração por outras pessoas que se identificam como mulheres;

7 LGBT, LGBTQIA+ ou LGBTQIAPN+: existe sigla correta para usar? In: https://www.terra.com.br/nos/lgbt-lgbtqia-ou-lgbtqiapn-existe-sigla-correta-para-usar,9f3aa6a7eef10ebfeb680b59b1c7956a1wy4qt0k.html?utm_source=clipboard https://www.terra.com.br/nos/lgbt-lgbtqia-ou-lgbtqiapn-existe-sigla-correta-para-usar,9f3aa6a7eef10ebfeb680b59b1c7956a1wy4qt0k.html?utm_source=clipboard. Acesso em: 18 jun. 2024.

Identidade de gênero refere-se a como a pessoa se identifica. Cisgêneros identificam-se com o gênero atribuído ao nascimento; transgêneros, com um gênero diferente.

G: Gays – são pessoas do gênero masculino (cisgênero ou transgênero) que sentem atração por outras pessoas que se identificam como homens;

B: Bissexuais – são as pessoas de orientação bissexual, com atração por qualquer um dos gêneros;

T: Transexuais/transgêneros e travestis – transexuais ou transgêneros são pessoas que não se identificam com o gênero atribuído pelo sexo biológico. A letra também pode fazer menção aos travestis, que são pessoas que fazem uma construção de gênero feminino oposta a do nascimento.

Q: Queers – são pessoas que transitam entre o masculino e o feminino, sem se identificar completamente com qualquer um dos dois. A palavra de origem inglesa, considerada um termo "guarda-chuva", foi originalmente empregado como "estranho", de forma pejorativa.

I: Intersexo – o termo faz referência ao sexo biológico. Pessoas intersexo contam com genitálias e/ou caracteres biológicos que não podem ser definidos unicamente como feminino ou masculino, já que contam com características secundárias de ambos os sexos.

A: Assexual – são pessoas que não sentem atração afetivo-sexual por outras, independente de orientação sexual ou identidade de gênero;

P: Pansexual – pessoas que sentem atração por outras, independentemente de orientação ou identidade;

N: Não-binária – pessoas não binárias são aquelas que não se identificam exclusivamente como homem ou mulher, dois gêneros binários tradicionalmente reconhecidos na sociedade. Em vez disso, elas podem identificar-se como uma combinação de ambos, como nenhum dos dois ou como um gênero completamente diferente.

+: abrange todas as possibilidades de orientação sexual ou de identidade de gênero que possam existir.[8]

A orientação sexual dos brasileiros foi coletada pela primeira vez pelo Instituto Brasileiro de Geografia e Estatística (IBGE) em 2019.

Na análise por gênero, o IBGE constatou que, proporcionalmente, a autoidentificação como homossexual é maior entre os homens (1,4%) que entre as mulheres (0,9%). Já a bissexualidade foi mais autodeclarada pelas mulheres (0,8%) que pelos homens (0,5%).

Ao analisar os dados considerando características socioeconômicas, observou-se maior proporção de autodeclarados homo ou bissexuais entre aqueles com nível superior completo (3,2%), enquanto entre os que não têm instrução ou têm o ensino fundamental incompleto esta proporção foi de 0,5%. Também foi observado que, quanto maior o nível

8 LGBTQIAPN+: inclusão de novas letras em sigla gera debate. Entenda in LGBTQIAPN+: qual o significado? Novas letras em sigla geram debate. Entenda (folhavitoria.com.br). Acesso em: 18 jun. 2024.

de renda, maior a autoidentificação como homo ou bissexual. A proporção daqueles que declararam se relacionar afetiva ou sexualmente com pessoas do mesmo sexo foi de 1,3% entre aqueles cuja renda domiciliar *per capita* era de até meio salário mínimo, de 1,6% na faixa de renda entre meio e um salário mínimo, de 1,3% na faixa entre um e três salários mínimos, e de 3,1% na faixa entre três e cinco salários mínimos.

A autoidentificação homo ou bissexual é maior entre os mais jovens. A indefinição da orientação sexual também é mais frequente entre eles. A proporção dos que declararam a orientação homo ou bissexual foi de 4,8% na faixa etária entre 18 e 29 anos, de 1,9% na faixa entre 30 e 39 anos, de 1% no grupo entre 40 e 59 anos e de apenas 0,2% entre aqueles com 60 anos ou mais.

Apesar de haver muita discriminação e violência contra a comunidade LGBTQIAPN+, ainda são raras as leis brasileiras que garantam os direitos das pessoas homoafetivas. A Constituição Federal de 1988 prevê o princípio da Dignidade da Pessoa Humana como direito fundamental que alicerça a igualdade, dispondo que todos são iguais perante a lei e devem ser tratados com igual dignidade, respeito e com mesma proteção, porém, dos mais de 50 projetos de lei relacionados à causa em trâmite no Congresso Nacional, desde a redemocratização, todos são ignorados pelo Poder Legislativo, sem previsão de aprovação em curto prazo.

Entre os projetos de lei relacionados à proteção da comunidade LGBTQIAPN+, que tramitam no Congresso Nacional, o tema mais recorrente é a criminalização da LGBTQIAPN+fobia, como o PL nº 7.292/2017, conhecido como Lei Dandara.[9]

Apesar da urgência na elaboração de leis que protejam as comunidades LGBTQIAPN+, o Congresso Nacional permanece inerte. Em razão disso, o Supremo Tribunal Federal (STF), em 2019, equacionou o vácuo legislativo, enquadrando a homofobia e a transfobia na Lei nº 7.716, de 5 de janeiro de 1989, que trata dos crimes de racismo. Além disso, quando dirigidas a homofobia e a transfobia a pessoas específicas, o STF enquadrou essas condutas no crime de injúria racial.

Um dos projetos de lei mais antigos em tramitação é o PL 580/2007, de autoria do então deputado federal Clodovil Hernandes, estilista e apresentador de televisão, que faleceu no ano de 2009. O projeto original tinha o objetivo de alterar o Código Civil para possibilitar que duas pessoas do mesmo sexo pudessem constituir união homoafetiva, por meio de um contrato no qual esclareçam como se dará a relação patrimonial. O projeto de lei passou para a relatoria do deputado pastor Eurico, que rejeitou o texto anterior na íntegra e colocou em tramitação o projeto dos ex-deputados Paes de Lira (SP) e Capitão Assumção (ES) que proíbe que relações entre pessoas

9 Ocorrido em 2017, o assassinato da travesti Dandara, no Ceará, teve repercussão internacional. Ela foi espancada por 12 homens antes de ser morta a tiros. Segundo o promotor do caso, a juíza considerou o motivo torpe por causa da condição de homossexual da vítima, em decisão inédita até então no Brasil. Os assassinos foram condenados e cumprem a pena em regime fechado. Fonte: Agência Câmara de Notícias.

do mesmo sexo possam vir a ser equiparadas ao casamento ou à entidade familiar.[10]

Há também no Congresso Nacional um projeto de lei do então deputado federal Jean Wyllys e da deputada Érika Kokay que reconhece tanto a união estável quanto o casamento civil entre gays e lésbicas, seguindo as mesmas regras das uniões estáveis e casamentos heterossexuais.[11]

10 O projeto será analisado em duas comissões, sendo elas a Comissão de Direitos Humanos e Minorias e Igualdade Racial (CDHMIR) e a Comissão de Constituição e Justiça e de Cidadania (CCJ), antes de ser encaminhado para o Senado.

11 BRASIL. Câmara dos Deputados. Projeto de Lei nº 5.120, de 8 de abril de 2013. Altera os artigos 551, 1.514, 1.517 1.535, 1.541, 1.565, 1.567, 1.598, 1.642, 1.723 e 1.727 da Lei 10.406 de 10 de janeiro de 2002, para reconhecer o casamento civil e a união estável entre pessoas do mesmo sexo. O Congresso Nacional decreta: Art. 1º Esta lei altera os artigos 551, 1.514, 1.517, 1.535, 1.541, 1.565, 1.567, 1.598, 1.642, 1.723 e 1.727 da Lei 10.406 de 10 de janeiro de 2002, para reconhecer o casamento civil e a união estável entre pessoas do mesmo sexo. Art 2º Os artigos 1.514, 1.517, 1.723 e 1.727 da Lei 10.406/2002 passam a vigorar com a seguinte redação: "Art. 551 Parágrafo Único. Se os donatários, em tal caso, forem casados, subsistirá na totalidade a doação para o cônjuge sobrevivo." (NR) "Art. 1.514. O casamento se realiza no momento que duas pessoas de sexos diferentes ou do mesmo sexo manifestam, perante o juiz, a sua vontade de estabelecer vínculo conjugal, e o juiz os declara casados." (NR) "Art. 1.517. Pessoas com dezesseis anos podem casar, exigindo-se autorização de ambos os pais, ou de seus representantes legais, enquanto não atingida a maioridade civil." (NR) "Art. 1.535. Presentes os contraentes, em pessoa ou por procurador especial, juntamente com as testemunhas e o oficial do registro, o presidente do ato, proferida pelas nubentes ou pelos nubentes a afirmação de que pretendem casar por livre e espontânea vontade, declarará efetuado o casamento, nos seguintes termos: 'De acordo com a vontade que ambos acabais de afirmar, de vos receberdes por cônjuges, eu, em nome da lei, vos declaro casadas ou

Em 2011, o STF reconheceu a união homoafetiva como entidade familiar. Em 2013, o CONSELHO NACIONAL DE JUSTIÇA – CNJ permitiu casamentos homoafetivos, garantindo direitos semelhantes aos concedidos aos casais heterossexuais.

O PLS 612/2011, da lavra da então senadora Marta Suplicy, que propunha a alteração do Código Civil para reconhecer a "união estável entre duas pessoas", ao invés de "união estável entre homem e mulher", não foi analisado no plenário e acabou arquivado, em 2018.

Em 2017, a deputada federal Luizianne Lins apresentou o PL nº 7.292/2017, que endurece a pena para homicídios cometidos contra a população LGBTQIAPN+, e o projeto está, até o momento da publicação desta obra, aguardando parecer

casados:." (NR) "Art. 1.541 III – que, em sua presença, declaram os contraentes, livre e espontaneamente, receber-se enquanto cônjuges." (NR) "Art. 1.565. Pelo casamento, os cônjuges assumem mutuamente a condição de consortes, companheiras/os e responsáveis pelos encargos da família." (NR) "Art. 1.567. A direção da sociedade conjugal será exercida, em colaboração, por ambas/os as/os cônjuges, sempre no interesse do casal e das filhas ou dos filhos." (NR) "Art. 1.598. Relativamente a relações entre pessoas de sexos diferentes, salvo prova em contrário, se, antes de decorrido o prazo previsto no inciso II do art. 1.523, a mulher contrair novas núpcias e lhe nascer algum filho, este se presume do primeiro marido, se nascido dentro dos trezentos dias a contar da data do falecimento deste e, do segundo, se o nascimento ocorrer após esse período e já decorrido o prazo a que se refere o inciso I do art. 1597." (NR) "Art. 1.642. Qualquer que seja o regime de bens, qualquer da/dos cônjuges pode livremente:" (NR) "Art. 1.723. É reconhecida como entidade familiar a união estável entre duas pessoas de sexos diferentes ou do mesmo sexo, configurada na convivência pública, contínua e duradoura e estabelecida com o objetivo de constituição de família." (NR) "Art. 1.727. As relações não eventuais entre duas pessoas de sexos diferentes ou do mesmo sexo, impedidos de casar, constituem concubinato." (NR) "Art. 3º Todos os dispositivos do Código Civil, Lei 10.406 de 2002, relativos ao casamento civil e a união estável serão válidos para relações entre pessoas do mesmo sexo da mesma forma que é para a relações entre pessoas de sexos diferentes."; "Art. 4º. Esta lei entrará em vigor na data de sua publicação".

do Relator na Comissão de Direitos Humanos, Minorias e Igualdade Racial (CDHMIR).

A deputada federal Erika Hilton anunciou, em julho de 2023, que apresentou um projeto de lei que propõe cotas para transexuais e travestis. A parlamentar justificou a proposta dizendo que 90% das pessoas transexuais e travestis do Brasil vivem da prostituição. Elaborado em conjunto com 15 organizações e coletivos estudantis trans, o projeto abrange graduação, pós-graduação e demais etapas de ensino e inclui providências relacionadas à identificação, permanência e inclusão desses grupos nos espaços universitários e no mercado de trabalho. Se aprovado, para cada curso e turno, serão destinadas no mínimo 5% das vagas para pessoas trans e travestis, com alcance a 63 universidades federais brasileiras e 38 institutos federais.[12]

O casamento civil entre pessoas do mesmo sexo integra a lista de prioridades do movimento LGBTQIAPN+ há pelo menos duas décadas. Atualmente, os casais homoafetivos brasileiros têm direito à união estável e ao casamento, não em razão de lei, mas em decorrência do reconhecimento feito pelo STF em 2011[13] e pelo CONSELHO NACIONAL DE JUSTIÇA (CNJ)

12 SILVA, C. Erika Hilton propõe cotas para pessoas trans nas universidades federais: "É um resgate da cidadania". 18 jul. 2023. *Carta Capital*. Disponível em: https://www.cartacapital.com.br/politica/erika-hilton-propoe-cotas-para-pessoas-trans-nas-universidades-federais-e-um-resgate-da-cidadania/. Acesso em: 16 ago. 2023.

13 BRITO, D. *Projetos sobre direitos LGBT caducam sem análise no Congresso*. Disponível em: https://www.jota.info/legislativo/projetos-sobre-direitos-lgbt-caducam-sem-analise-no-congresso-28062021. Acesso em: 19 jul. 2023.

em 2013, já que, até o momento, inexiste uma lei que assegure a união estável homoafetiva e o casamento gay.[14]

Essa ausência de leis e a composição atual do Congresso Nacional, considerado o mais conservador desde a redemocratização, vem gerando temor de que sejam editadas normas tendentes a proibir o casamento ou a união estável entre pessoas do mesmo sexo. É bem verdade que, mesmo com a promulgação de lei desse teor, ela seria inconstitucional, mas essa declaração é feita pelo STF, cuja composição se renova de tempos em tempos. Desse modo, há risco de que possa haver a revisão da jurisprudência sobre os direitos LGBTQIAPN+, razão pela qual é muito importante que se prossiga na luta pela edição de leis e de emendas constitucionais (que requerem um quórum maior para sua alteração) assegurando os direitos dessa população.

> O Congresso Nacional tem uma grande quantidade de partidos políticos representados, mas ele é composto majoritariamente por homens brancos.

14 Após vinte anos da promulgação do Código Civil, o Congresso Nacional pretende atualizá-lo, já que, quando ele foi promulgado, em 2003, já era obsoleto e ultrapassado. Para essa missão, o senador Rodrigo Pacheco criou um grupo de juristas, liderado pelo corregedor nacional de justiça, o ministro Luiz Felipe Salomão, que incluiu, entre as sugestões legislativas, os direitos LGBTQIAPN+ que ficaram de fora no Código Civil anterior. Contudo, é sempre bom lembrar que as sugestões do grupo precisarão ser aprovadas pelo Congresso Nacional.

Em relação à Câmara dos Deputados, entre os 513 eleitos, temos:

- 30 partidos representados: PT (56 eleitos); PSL (52); PP (37); MDB (34); PSD (34); PR (33); PSB (32); PRB (30); PSDB (29); DEM (29); PDT (28); SD (13); PODE (11); PTB (10); PSOL (10); PCdoB (9); PSC (8); PROS (8); PPS (8); Novo (8); Avante (7); PHS (6); PATRI (5); PV (4); PRP (4); PMN (3); PTC (2); DC (1); Rede (1); PPL (1).
- 436 homens e 77 mulheres (maior número de mulheres da história).
- 385 brancos; 104 pardos; 21 pretos; 2 amarelos; 1 indígena.

Já o Senado Federal, entre os 81 senadores em mandato, temos:

- 21 partidos representados: MDB (12 senadores); PSDB (8); PSD (7); DEM (6); PT (6); PP (6); Podemos (5); Rede (5); PDT (4); PSL (4); PTB (3); PHS (2); PPS (2); PR (2); PSB (2); PRB (1); Pros (1); PRP (1); PSC (1); PTC (1); Solidariedade (1); Sem partido (1).
- 69 homens e 12 mulheres.
- 67 brancos; 11 pardos; 3 pretos.[15]

15 FIGUEIREDO, D.; MAIA, D. O que é o Congresso Nacional? 1 ago 2022. *Politize!* Disponível em: https://www.politize.com.br/congresso-nacional-o-que-e/. Acesso em: 6 set. 2023.

1. CASAMENTO E UNIÃO ESTÁVEL HOMOAFETIVOS

Antes da Constituição Federal de 1988, somente era considerado família a relação entre homem e mulher decorrente do casamento formal. Após a promulgação da nova Constituição, pela primeira vez se reconheceu como entidade familiar a união estável, mas ela ficou restrita ao relacionamento heterossexual. O art. 226, parágrafo 3º, diz que a família, base da sociedade, tem especial proteção do Estado: "é reconhecida a união estável entre o homem e a mulher como entidade familiar, devendo a lei facilitar sua conversão em casamento".

O Código Civil, promulgado em 2002 – portanto, 14 anos após a Constituição –, ao fixar os requisitos para a configuração de uma união estável, de forma a diferenciá-la de um simples namoro, manteve a grafia, restringindo-a apenas às relações heteroafetivas, pois afirmava ser reconhecida como entidade familiar a união estável entre o homem e a mulher, baseada na convivência pública, contínua e duradoura e estabelecida com o objetivo de constituir uma família.

Apesar de a Constituição Federal de 1988 e o Código Civil de 2002 somente terem feito referência expressa aos casais heteroafetivos como aptos a constituir uniões estáveis, o plenário do STF, ao decidir em 5 de maio de 2011 a Ação Direta de Inconstitucionalidade (ADI) 4.277 e a Arguição de Descumprimento de Preceito Fundamental (ADPF) 132, por

Em 2015, o STF considerou inconstitucional a menção à pederastia e também a menção à homossexualidade no art. 235 do Código Penal Militar.

unanimidade, reconheceu a união homoafetiva como entidade familiar, sujeita às mesmas regras e consequências da união estável heteroafetiva. Essa decisão, tão aguardada pela comunidade LGBTQIAPN+ e tão relevante para a sociedade brasileira, acabou recebendo em 2018 o certificado MoWBrasil, oferecido pelo Comitê Nacional do Brasil do programa Memória do Mundo da Unesco,[1] vindo a ser inscrita como patrimônio documental da humanidade no Registro Nacional do Brasil.

A ADI 4.277 pretendia obter tanto o reconhecimento de que a união entre pessoas do mesmo sexo estava abarcada pelo conceito de entidade familiar, como a declaração de que os mesmos direitos e deveres dos companheiros nas uniões estáveis fossem estendidos aos companheiros nas uniões entre pessoas do mesmo sexo.

Na ADPF 132, de titularidade do governador do Rio de Janeiro Sérgio Cabral, foi pedido que o STF aplicasse o mesmo

1 O programa Memória do Mundo da Unesco (MoW) promove a preservação e o acesso ao patrimônio documental (arquivos e bibliografias) da humanidade. O Registro Nacional do Brasil foi inaugurado em 2007 e, atualmente, conta com a inscrição de 111 acervos relacionados a diversos assuntos, entre os quais se destacam a Lei Áurea, os arquivos do jurista Rui Barbosa e do escritor Lima Barreto e documentos e partituras dos compositores Heitor Villa-Lobos, Ernesto Nazareth e Carlos Gomes. Também constam roteiros da primeira radionovela brasileira (1941-1943), registros de práticas médicas relacionadas ao tratamento e à cura de doenças na época do Brasil Colonial, história da luta dos direitos humanos no país, questões fundiárias, trabalhistas e temas ligados à educação e aos povos indígenas brasileiros. Disponível em: https://portal.stf.jus.br/noticias/verNoticiaDetalhe.asp?idConteudo=398482. Acesso em: 23 jul. 2023.

regime jurídico das uniões estáveis às uniões homoafetivas de funcionários públicos civis do estado. O então procurador do estado do Rio de Janeiro, Luiz Roberto Barroso, hoje Ministro do Supremo Tribunal Federal (STF), em sustentação oral emblemática, emocionante e histórica, disse da tribuna que ninguém deveria ser diminuído pelos afetos e por compartilhá-lo com quem escolher. Prosseguiu informando que o amor homossexual tem sido vítima de preconceito ao longo dos séculos, citando três exemplos emblemáticos. O primeiro deles refere-se às Ordenações Manuelinas, que, em 1521, previam que os homossexuais deveriam ser condenados à morte na fogueira, ter os seus bens confiscados e duas gerações seguintes da família dele serem consideradas infames.

Em seguida, Barroso lembrou que, em 1876, o escritor irlandês Oscar Wilde produziu um poema chamado *O amor que não ousa dizer seu nome*, em que confessa a sua paixão homossexual.[2] Ele foi condenado a dois anos de prisão e a trabalhos forçados por esse poema e sua orientação sexual.

2 Segue a famosa citação em que Oscar Wilde explica seu poema no interrogatório a que foi submetido, na sessão do quarto dia do segundo julgamento, em 30 de abril de 1895:

Charles Gill (promotor): O que é *O amor que não ousa dizer seu nome*? **Wilde**: *O amor que não ousa dizer seu nome*, neste século, é uma grande afeição de um homem mais velho por outro mais novo, como havia entre Davi e Jônatas, tal como Platão fez a verdadeira base de sua filosofia, tal como alguém encontra nos sonetos de Michelangelo e de Shakespeare. É aquela profunda afeição espiritual que é tão pura quanto é perfeita. Ela conduz e preenche as grandes obras de arte como as de Shakespeare e Michelangelo e essas duas minhas cartas. É neste século incompreendido, tão incompreendido que pode

O terceiro exemplo mencionado por Barroso refere-se a uma ocorrência da década de 1970, quando um soldado americano, condecorado na Guerra do Vietnã, assumiu sua homossexualidade e foi sumariamente desligado das Forças Armadas. Com isso, o soldado disse uma frase antológica: "Por matar dois homens recebi uma medalha; por amar outro, fui expulso das Forças Armadas".

Para Barroso, a história da civilização é a história da superação dos preconceitos, destacando que, a cada momento, as pessoas têm de escolher se vão avançar o processo social e incluir todos ou se vão pará-lo e cultivar o preconceito. Convinha analisar a História e constatar que milhões de judeus foram massacrados nos campos de concentração, milhões de negros transportados à força em navios negreiros, mulheres atravessaram os séculos oprimidas moral e fisicamente por sociedades patriarcais, deficientes sacrificados e indígenas dizimados. Em cada fase da vida e da História, há a racionalização que justifica o preconceito, mas é possível julgar a matéria olhando para frente, e não apenas para trás, visando

ser descrito como "o amor que não ousa dizer seu nome", e, por causa dele, fui colocado onde estou agora. É bonita, é fina, é a mais nobre forma de afeição. Não há nada inatural nisso. É intelectual e existe repetidamente entre um homem mais velho e um mais novo, quando o mais velho tem intelecto, e o mais novo possui toda a alegria, esperança e glamour de vida diante de si. É assim que deve ser, mas o mundo não entende. O mundo o ridiculariza e às vezes coloca alguém no pelourinho por causa dele (aplausos da galeria). "O Julgamento". Tradução de Gentil de Faria. *Folha de São Paulo*, caderno *Mais!* São Paulo, 21 de maio de 1995. Acesso em: 6 set. 2023. Disponível em: https://www.youtube.com/watch?v=5_CHQPes_ls e https://www.youtube.com/watch?v=qmTNUu6WaRE

A decisão do STF que reconheceu a união estável homoafetiva como entidade familiar foi tão significativa que recebeu o certificado MoW Brasil, da Unesco, e foi inscrita como patrimônio documental da humanidade.

um mundo melhor, uma sociedade mais justa, um tempo de fraternidade e de delicadeza, em que todo amor possa ousar dizer seu nome.

Após a contundente defesa da tribuna e a manifestação das outras partes, deu-se início ao julgamento, ocasião em que todos os ministros votantes expressaram posição favorável às alegações, utilizando a técnica da interpretação conforme a Constituição. Não foi modificado o texto do Código Civil, que traz a menção à "união estável entre o homem e a mulher", mas apenas o interpretaram de forma a afastar o preconceito e a discriminação contidos nessas expressões reducionistas, reconhecendo a união homoafetiva como entidade familiar, aplicando-lhe o mesmo regime da união estável entre homem e mulher.

A decisão foi publicada no *Diário Oficial* em 14 de outubro de 2011, data que entrou para a História. Um dos fundamentos utilizados para justificar a inexistência de diferença entre as uniões homoafetivas e heteroafetivas foi o "*direito à busca da felicidade*".

Desde essa decisão, o STF revisitou esse conceito algumas vezes, como em 2015, na ADPF 291, quando decidiu que as expressões "homossexual ou não" e "pederastia ou outro", constantes do art. 235 do Código Penal Militar, eram incompatíveis com a Constituição, por serem expressões pejorativas e de cunho discriminatório.[3] Tal decisão teve como um dos

3 Supremo Tribunal Federal. Arguição de descumprimento de preceito fundamental. ADPF 291 DF. Relator: Min. Roberto Barroso. Data de Julgamento: 28/10/2015. Tribunal Pleno. Data de Publicação: DJe-094

fundamentos a proteção do direito à liberdade de orientação sexual, decorrente da busca pela felicidade que, por sua vez, materializa a dignidade da pessoa humana.[4]

Em consequência do entendimento do STF, o Superior Tribunal de Justiça (STJ) passou a admitir a conversão da união homoafetiva em casamento, pois o art. 226 da Constituição prevê que a lei deve facilitar a conversão da união estável em casamento. Além disso, passou a admitir a habilitação para o casamento diretamente nos cartórios de Registro Civil, não sendo nem mesmo necessária a prévia formalização da união, para depois transformá-la em matrimônio.[5] Contudo,

11-05-2016. Disponível em: https://redir.stf.jus.br/paginadorpub/paginador.jsp?docTP=TP&docID=10931627. Acesso em: 22 abr. 2024.

4 No entendimento majoritário do Plenário do Supremo Tribunal Federal, a Direito das pessoas LGBTQIAPN+, "a criminalização de atos libidinosos praticados por militares em ambientes sujeitos à administração militar justifica-se, em tese, para a proteção da hierarquia e da disciplina castrenses (art. 142 da Constituição). No entanto, não foram recepcionadas pela Constituição de 1988 as expressões 'pederastia ou outro' e 'homossexual ou não', contidas, respectivamente, no caput do art. 235 do Código Penal Militar, mantido o restante do dispositivo. 2. Não se pode permitir que a lei faça uso de expressões pejorativas e discriminatórias, ante o reconhecimento do direito à liberdade de orientação sexual como liberdade existencial do indivíduo. Manifestação inadmissível de intolerância que atinge grupos tradicionalmente marginalizados".

5 Superior Tribunal de Justiça. Recurso Especial nº 1.183.378 - RS (2010/0036663-8). Relator: Ministro Luis Felipe Salomão. Recorrentes: K. R. O. e L. P. Advogado: Gustavo Carvalho Bernardes e outro(s). Recorrido: Ministério Público do Estado do Rio Grande do Sul. Ementa: Casamento civil entre pessoas do mesmo sexo. Inexistência de vedação expressa no Código Civil de 2002. Vedação implícita considerada inaceitável constitucionalmente. Orientação do STF na ADPF n. 132/RJ e na ADI n. 4.277/DF.

Em 2015, o STF garantiu pensão alimentícia após rompimento de união estável homoafetiva, afirmando a igualdade de direitos entre uniões homo e heteroafetivas.

muitos cartórios ainda se recusavam a realizar casamentos homoafetivos ou converter uniões estáveis em casamentos.

Diante dessa posição, em 2013, foi editada a Resolução nº 175/2013 do Conselho Nacional de Justiça (CNJ),[6] obrigando todos os cartórios a realizarem casamentos e converterem uniões estáveis em casamentos entre pessoas de mesmo sexo, informando que a recusa implicaria em imediata comunicação ao respectivo juiz corregedor para as providências cabíveis.

Em 2023 – após dez anos da permissão de que casamentos homoafetivos fossem feitos nos cartórios de Registro Civil –, o número desses casamentos no Brasil aumentou quatro vezes. De acordo com a Associação Nacional dos Registradores de Pessoas Naturais (Arpen-BR), foram celebrados em média 7,6 mil matrimônios por ano, desde 2013. Os casais femininos representaram 56% deles, enquanto os casais masculinos são 44% do total.[7]

A união estável, diversamente do casamento, não precisa ser formalizada para que seja reconhecida juridicamente, mas deverá ser demonstrada e comprovada para que possa

6 Conselho Nacional de Justiça. Resolução nº 175, de 14 de maio de 2013. Dispõe sobre a vedação de recusa de habilitação, celebração de casamento civil ou de conversão de união estável em casamento entre pessoas de mesmo sexo. Brasília, DF: CNJ, 2013. Disponível em: https://atos.cnj.jus.br/atos/detalhar/1754. Acesso em: 22 abr. 2024.

7 Casamentos homoafetivos crescem quatro vezes em 10 anos de permissão no Brasil; mulheres lideram. In: https://oglobo.globo.com/brasil/noticia/2023/05/casamentos-homoafetivos-crescem-quatro-vezes-em-10-anos-de-permissao-no-brasil-mulheres-lideram.ghtml. Acesso em: 23 jul. 2023.

produzir efeitos. Atualmente, os relacionamentos homoafetivos, da mesma forma que os heteroafetivos, são considerados uniões estáveis desde que atendam aos critérios previstos no art. 1.723 do Código Civil, quais sejam: convivência pública, contínua, duradoura e com intenção de constituir família.

Em outras palavras, a relação não pode ser secreta ou clandestina (o relacionamento entre amantes não configura união estável), contudo, não há impedimento para que os conviventes tenham união discreta, desde que ela seja do conhecimento, ao menos, do círculo social dos conviventes. Essa regra, por outro lado, tem sido flexibilizada nos relacionamentos homoafetivos, em razão do preconceito social ainda existente na sociedade brasileira,[8] como veremos adiante.

8 União estável homoafetiva. Reconhecimento e dissolução. O reconhecimento da união estável depende de comprovação da convivência duradoura, pública e contínua, estabelecida com o objetivo de constituição familiar (art. 1.723 do Cód. Civil). Sentença de procedência. Tese de que as partes não conviviam maritalmente, mas sim mantinham mero namoro, que não encontra sustentação no quociente probatório. Inexistência do elemento anímico caracterizador da entidade familiar não evidenciada. Discrição sobre a união homoafetiva insuficiente para desconstituir o intuito de constituição de família. Publicidade não é requisito absoluto para a declaração da união estável. Precedentes. Entidade familiar reconhecida. Temática recursal desacompanhada de qualquer fato impeditivo, modificativo ou extintivo do direito da convivente (art. 373, II, do CPC). Incidência do brocardo Allegare nihil et allegatum non probare paria sunt. Sentença mantida. Partilha de bens. Regime da comunhão parcial de bens que se aplica à união estável, à ausência de contrato escrito (art. 1.725 do Cód. Civil). Incidência parcial de hipótese de incomunicabilidade (art. 1.659 do Cód. Civil). Financiamento do imóvel pago por ambas as partes durante a união. Bens havidos na constância da união estável que se presumem tenham decorrido do esforço comum das

A relação precisa ser também *contínua*, isto é, não poderá ser eventual ou esporádica, durar pouco tempo, nem se restringir a relações sexuais. Ao contrário do que muita gente pensa e difunde nos meios sociais, atualmente não há lei fixando um prazo mínimo de convivência para que um relacionamento seja considerado como união estável. É bem verdade que a lei anterior (Lei nº 8.971/1994) exigia mínimo de cinco anos ou a existência de filhos comuns, mas estas exigências *não existem mais*. Não é necessário que o casal more na mesma casa para que seja reconhecida a união estável, mas se houver a coabitação, ela será um elemento importante na avaliação do juiz. Por fim, de todos os requisitos da união estável, a "intenção de constituir família" é o mais complexo e de mais difícil comprovação, já que, ao contrário do que o termo sugere, o intento de constituir família não quer dizer que o casal pretenda se casar um dia, mas o sentimento de que ambos já se sentem casados, mesmo não tendo havido matrimônio formal.[9] No namoro, o objetivo de constituir família está projetado para o futuro, mas na união estável a família já existe, ou seja, eles já estão vivendo neste projeto.

A união estável pode existir, independentemente de estar formalizada em contrato. Caso haja interesse em registrá-la

conviventes. Precedentes. Presunção não quebrantada. Sentença mantida. Recurso desprovido. (TJ-SP – AC: processo em segredo de justiça), Relator: Rômolo Russo, Data de Julgamento: 28/04/2021, 7ª Câmara de Direito Privado, Data de Publicação: 28/4/2021).

9 NIGRI, Tânia. *União estável*. São Paulo: Blucher, 2020.

em cartório, pode ser lavrada escritura pública de declaração de união estável no cartório de notas. Alternativamente, os interessados podem se valer de contrato particular, que pode ser levado a registro no Cartório de Registro de Títulos e Documentos,[10] para obtenção de maior segurança.

A formalização da união estável também auxilia na escolha consciente do regime de bens, já que, na hipótese de não haver escritura ou nela não existir nenhuma menção ao regime, a relação será regida pela comunhão parcial de bens.[11]

10 Tendo em vista que a união estável se inicia quando os conviventes passam a ter um relacionamento público, contínuo, duradouro e com o objetivo de constituir uma família e que essa informalidade às vezes não permite que se saiba com precisão a data do início e do final do relacionamento, a celebração do contrato escrito é fundamental para dar mais segurança aos conviventes, que terão maior tranquilidade para saber quando a relação começou (os direitos se dão a partir daí), comprová-la em órgãos públicos e privados e permitir a inclusão de dependentes em planos de saúde e seguros de vida.

11 No regime da comunhão parcial de bens, o que for adquirido de forma onerosa (compra e venda) durante a união deve ser comunicado, ou seja, tudo o que for comprado durante o período de convívio será de ambos, independentemente de quem tenha pago pelo bem. Estão excluídos aqueles que já tinham antes da união (bens particulares), os recebidos após a união por doação a apenas um dos conviventes ou por herança, os proventos do trabalho de cada um e os de uso pessoal. Os bens comprados com o dinheiro decorrente da venda de bens particulares também não fazem parte do patrimônio do casal; se um dos dois comprou bens, usando o dinheiro que um deles já tinha antes da convivência (bens particulares), estes bens não serão divididos, sendo aconselhável que este fato seja registrado e ambas as partes assinem a declaração, ou façam constar da escritura de compra e venda a origem dos valores.

Muitas pessoas têm dúvidas se o namoro pode ser confundido com união estável. De fato, essa incerteza é justificada, já que nos namoros contemporâneos, os parceiros viajam, dormem e, muitas vezes, moram juntos, sem que se considerem companheiros. Mas é possível que, ao passar pelo escrutínio do Judiciário, a relação que ambos pensavam ser de namoro venha a ser reconhecida como união estável, com todos os direitos a ele atinentes, como pensão alimentícia (diante de certas condições), meação dos bens comprados durante o relacionamento e até direito à herança, em caso de morte.[12]

No ano de 2015, o STJ, por ocasião do julgamento do Recurso Especial nº 1.454.643-RJ[13] 2014/0067781-5, aclarou o conceito de "intenção de constituir família" ao ser feita a

12 Sobre o assunto ver *União Estável* (Nigri, 2020) e *Herança* (Nigri, 2021).

13 Recurso especial e recurso especial adesivo. Ação de reconhecimento e dissolução de união estável, alegadamente compreendida nos dois anos anteriores ao casamento, C.C. partilha do imóvel adquirido nesse período. 1. Alegação de não comprovação do fato constitutivo do direito da autora. Prequestionamento. Ausência. 2. União estável. Não configuração. Namorados que, em virtude de contingências e interesses particulares (trabalho e estudo) no exterior, passaram a coabitar. Estreitamento do relacionamento, culminando em noivado e, posteriormente, em casamento. 3. Namoro qualificado. Verificação. Repercussão patrimonial. Inexistência. 4. Celebração de casamento, com eleição do regime da comunhão parcial de bens. Termo a partir do qual os então namorados/noivos, maduros que eram, entenderam por bem consolidar, consciente e voluntariamente, a relação amorosa vivenciada, para constituir, efetivamente, um núcleo familiar, bem como comunicar o patrimônio haurido. Observância. Necessidade. 5. Recurso especial provido, na parte conhecida; e recurso adesivo prejudicado. STJ – REsp: 1.454.643 RJ 2014/0067781-5, relator: ministro Marco Aurélio Bellizze, data de julgamento: 3/3/2015, T3 – Terceira Turma, data de publicação: DJE 10/3/2015.

Em 2017, o STF decidiu que não pode haver discriminação na herança de cônjuges e companheiros, incluindo o direito à herança dos casais homoafetivos.

diferenciação entre "namoro qualificado" e "união estável". O STJ deu ganho de causa a um homem que alegava que o período de mais de dois anos de relacionamento que antecedeu o casamento entre ele e a ex-mulher teria sido de namoro, e não de união estável. Antes de se casarem, o então namorado havia adquirido um imóvel, e ela pleiteara a divisão do bem. O ex-marido perdeu a ação na primeira instância e interpôs recurso de apelação, que acabou sendo acolhido pelo voto da maioria dos desembargadores. Como o julgamento não foi unânime, a ex-mulher apresentou recurso, obtendo êxito parcial, e o homem recorreu ao STJ.

Segundo consta dos autos, quando o casal namorava, ele aceitou uma oferta de trabalho e mudou-se para o exterior; meses depois, em janeiro de 2004, a namorada decidiu acompanhá-lo, com o objetivo de estudar fora, e eles passaram a morar no mesmo imóvel. Ainda fora do Brasil, acabaram por ficar noivos em outubro de 2004. Voltando ao Brasil, em agosto de 2005, ele comprou, com dinheiro próprio, um apartamento para que ambos residissem, e, em setembro de 2006, casaram-se sob o regime da comunhão parcial de bens. Divorciaram-se dois anos depois.

A ex-mulher, alegando que no período entre sua ida para o exterior e a celebração do casamento teria vivido em união estável, requereu a divisão do apartamento. Tal pedido foi negado pelo relator do processo, que entendeu não ter havido verdadeira união estável, "mas sim namoro qualificado, em que, em virtude do estreitamento do relacionamento, projetaram, para o futuro – e não para o presente –, o propósito de constituir entidade familiar". De acordo com o ministro, a formação da família, em que há o "compartilhamento de vidas, com irrestrito apoio moral e material", tem de ser concretizada, não apenas planejada por ambos, para que se configure a união estável.

A partir do julgamento citado ficou estabelecido que, quando o relacionamento amoroso é público, contínuo, duradouro, mas não há a intenção de formar família ou a intenção está voltada para o futuro, não existe união estável, mas sim namoro qualificado, que não gera direito à partilha de bens, herança ou pensão.

Conforme detalhado pela ministra do STJ Nancy Andrighi em outro julgamento, na relação de namoro qualificado

> *os namorados não assumem a condição de conviventes porque assim não desejam, são livres e desimpedidos, mas não tencionam naquele momento ou com aquela pessoa formar uma entidade familiar. Nem por isso vão querer se manter refugiados, já que buscam um no outro a companhia alheia para festas e viagens, acabam até conhecendo um a família do outro, posando para fotografias em festas, pernoitando um na casa do outro com frequência, ou seja, mantêm verdadeira convivência amorosa, porém, sem objetivo de constituir família.*[14]

14 STJ, REsp 1.263.015/RN, Terceira Turma, Rel. Min Nancy Andrighi, julgado em 19/6/2012, DJe 26/6/2012.

Os casos narrados demonstram claramente a linha tênue entre os institutos do namoro e da união estável, havendo distinção entre eles apenas no que se refere ao desejo de constituir família, o que tem provocado a corrida de namorados aos cartórios para celebrarem *contratos de namoro.*[15]

Os namorados buscam, com isso, se proteger contra possíveis entendimentos de que seu relacionamento não seria namoro, mas união estável, com toda a diferença de tratamento jurídico que o segundo instituto tem.

Apesar de haver um número cada vez maior desses contratos, eles não são unânimes nos tribunais brasileiros, havendo quem os defenda e quem advoga a sua invalidade. Porém, o mais importante é que, mesmo que haja um contrato de namoro assinado, sempre predominará a realidade, não podendo ela ser frustrada por simples declaração em sentido contrário. Significa dizer que, se há um contrato de namoro, ele pode facilitar a produção da prova, na hipótese de um ex-namorado buscar na justiça pensão alimentícia ou a divisão dos bens adquiridos durante o período em que estiveram juntos, mas isso não significa que esse documento, por si só, garantirá uma decisão judicial reconhecendo que o vínculo que os unia era de namoro, já que sempre preponderará a realidade no processo judicial.

Em decisão de junho de 2024, a 11ª Câmara Cível do Tribunal de Justiça do Estado do Paraná (TJPR) considerou

15 Sobre o assunto, ver *Contrato de namoro* (Nigri, 2021).

válido um contrato de namoro para recusar o pedido de reconhecimento de união estável por uma das partes. O relator do acórdão da apelação cível 0002492-04.2019.8.16.0187 foi o desembargador Sigurd Roberto Bengtsson, que entendeu "que a relação das partes não se configurou integralmente em união estável, pela ausência dos requisitos legais, prevalecendo o contrato firmado entre as partes".

No caso analisado, entendeu-se que o contrato de namoro não tem necessidade de ser celebrado por instrumento público, a não ser que precise ser validado para terceiros. A decisão entendeu não ter havido uma união estável entre o casal, mas mero namoro, seja em razão do contrato assinado, dos períodos de afastamento de ambos, além das provas testemunhais que comprovaram haver um namoro e não uma união estável.

Divórcio homoafetivo

O primeiro caso de divórcio gay no Brasil se deu em 2015. Rafael Ferraz, farmacêutico paulista de 28 anos, casou-se com W. R., mas um ano e dois meses depois, eles se divorciaram,[16] o que é assegurado a todas as pessoas casadas que não desejem mais viver juntas.

16 VIEIRA, J. L; KORTE, J.; IMERCIO, A. O primeiro caso de divórcio gay no Brasil. 24 jul. 2015. *Época*. Disponível em: https://epoca.globo.com/vida/noticia/2015/03/o-primeiro-caso-de-bdivorcio-gayb-no-brasil.html. Acesso em: 3 set. 2023.

O divórcio pode ser consensual ou litigioso. Ele é consensual (ou amigável) quando ambas as partes desejam ou aceitam sua realização e estão de acordo com todas as cláusulas, requerendo a homologação do acordo pelo juiz da vara de família ou a elaboração de escritura pública de divórcio pelo tabelião do cartório. Mesmo em situações em que o casamento tenha acabado de maneira conflituosa, muitos casais optam pelo divórcio consensual, pois o divórcio litigioso é desgastante, demorado e caro.

Ao realizar o divórcio amigável, o casal pode escolher um único advogado, da confiança de ambos, e dividir as custas processuais e os honorários advocatícios, o que já representa uma boa economia, além de não se "enfrentarem" na Justiça em partes contrapostas, já que ambos desejam uma providência comum: o divórcio. Nesse tipo de ação consensual, eles estabelecem as cláusulas que desejam sobre divisão de bens, guarda de filhos, fixação de pensão alimentícia e outros temas importantes para o casal, devendo o advogado ou defensor público traduzir este desejo numa petição inicial (ou seja, o pedido elaborado pelo advogado do autor, em que se apresenta a causa perante o poder Judiciário) de divórcio consensual e requerer ao juiz que a homologue.

Desde que ambos estejam de acordo com o divórcio, não haja menores, incapazes ou gravidez, é possível evitar a propositura de ação judicial, realizando o divórcio extrajudicialmente, ou seja, no cartório de notas, mas é indispensável a intervenção do advogado para que ele ocorra. Mesmo que

A dissolução da união estável homoafetiva pode ser feita extrajudicialmente em cartório, desde que consensual e sem filhos menores ou incapazes.

estejam preenchidos todos os requisitos para a realização do divórcio em cartório, as partes podem preferir ajuizar a ação no Judiciário, sendo esta escolha feita exclusivamente por elas. Contudo, é importante ressaltar que o divórcio realizado no cartório, em regra, é mais rápido e tem menos burocracia do que o realizado na Justiça. O divórcio extrajudicial pode se concluir no mesmo dia, dependendo do cartório que as partes escolham, especialmente quando não há bens a serem partilhados.

No divórcio judicial consensual, é possível que o juiz homologue imediatamente o divórcio, sem a necessidade de realização de audiência de conciliação ou ratificação, desde que ele tenha condições de aferir a firme disposição do casal em se divorciar, bem como o cumprimento de todas as formalidades jurídicas e determinações legais.

Quando não houver acordo entre as partes sobre as cláusulas do divórcio ou um dos dois não aceitar o divórcio em si, deverá ser proposta a ação judicial de divórcio litigioso. O divórcio será consensual apenas quando as partes estão de acordo sobre todas as suas cláusulas.[17]

No cotidiano, há muita desinformação sobre o divórcio litigioso. Frases como "ela ficará comigo para sempre, pois eu jamais lhe darei o divórcio" ou "vou provar que ele me traiu e ficarei com todos os bens" são comuns. No entanto, ao contrário do que acontecia no passado, o divórcio hoje é um

17 NIGRI, T. *Divórcio*. São Paulo: Blucher, 2022.

direito que não depende da concordância do outro cônjuge. Ninguém é obrigado a permanecer casado contra a vontade. Mas o que fazer se um dos dois não concordar com o divórcio?

Se isso ocorrer, não será possível realizar um divórcio amigável ou consensual. A parte que deseja se divorciar precisará entrar com uma ação de divórcio litigioso na Justiça. Nos cartórios, só são realizados divórcios consensuais, sem filhos menores ou incapazes e sem que a mulher esteja grávida.

Além do desgaste emocional e financeiro, o divórcio litigioso muitas vezes traz à tona mágoas, ressentimentos e questões íntimas da família. Provas de bens escondidos, declarações de imposto de renda e fraudes são comuns. Por isso, muitos casais tentam chegar a um acordo para viabilizar o divórcio consensual, mas isso nem sempre é possível.

Quando o consenso não é possível, a ação de divórcio litigioso se inicia com o protocolo da petição inicial. O juiz, após lê-la, determina a realização de uma audiência de conciliação ou julga o pedido liminar da parte, concedendo ou negando-o. O pedido liminar é feito no início do processo para regularizar assuntos urgentes, como a fixação da pensão alimentícia, a visitação dos filhos menores ou questões patrimoniais que não podem esperar a sentença.

Após as decisões liminares, as partes são intimadas para comparecerem à audiência, acompanhadas de seus advogados, para uma tentativa de conciliação. Se não houver acordo, a parte que não propôs a ação terá que apresentar sua defesa e o divórcio litigioso seguirá seu curso. Mesmo que um dos cônjuges não queira se divorciar, o divórcio será decretado, seja no início ou no fim do processo. O juiz, após analisar as provas, decidirá sobre a divisão dos bens, a guarda dos filhos menores e o pagamento de pensão alimentícia. Se um acordo for possível durante o processo, o divórcio litigioso pode se tornar consensual.[18]

A união estável, ainda que não formalizada, poderá ser dissolvida pelo Judiciário ou extrajudicialmente em cartório de notas. No segundo caso, na hipótese de a relação não estar formalizada, o tabelião lavrará, na mesma escritura pública, o reconhecimento e a dissolução da união estável, sendo dispensável a presença de ambas as partes e permitindo a nomeação de procurador com poderes especiais para representar uma ou ambas as partes para a realização do ato.

Seguindo a mesma regra do divórcio, a dissolução da união estável somente poderá ser feita no cartório caso o pedido seja

18 É possível conceder um divórcio em caráter liminar apenas com base na comprovação do vínculo matrimonial, mediante a apresentação da certidão de casamento e a manifestação da intenção de um dos cônjuges de se divorciar. Recentemente, a 2ª Vara da Família e Sucessões de Cascavel (PR) concedeu uma tutela de evidência e decretou liminarmente o divórcio de um casal da região. A ação foi movida pelo marido, que expressou claramente sua intenção de se divorciar. A juíza Gabrielle Britto de Oliveira, ao analisar o caso, considerou que o autor forneceu elementos suficientes para comprovar o direito ao divórcio. "A pretensão de divórcio não pode ser impedida por qualquer argumento. Para sua decretação, basta a prova da existência do vínculo matrimonial, comprovada pela certidão de casamento, e a intenção de um dos cônjuges de se divorciar, expressa pelo autor". Processo 0011151-73.2023.8.16.0021.

consensual e que os conviventes não possuam filhos menores ou maiores incapazes, a mulher não esteja grávida e quando houver concordância com os termos da escritura pública.

No que se refere à partilha (divisão) de bens após a separação do casal homoafetivo, o STJ entendia, enquanto vigorava o Código Civil de 1916, que a união de pessoas do mesmo sexo não era considerada como união estável, mas mera sociedade de fato, o que impedia a partilha automática dos bens quando a relação acabava. Pessoas do mesmo sexo só teriam direito a alguma parte do patrimônio se comprovassem o esforço comum para a aquisição dos bens. Essa injustiça ficou para trás, após a decisão do STF de equiparar as uniões homoafetivas às heteroafetivas.

Pensão alimentícia ao fim das relações homoafetivas

A pensão alimentícia, chamada juridicamente de alimentos, é um direito que está descrito nos artigos 1.694 a 1.710 do Código Civil e permite aos parentes, aos cônjuges e aos companheiros que peçam uns aos outros o pagamento de valor financeiro.

De acordo com o que dispõe o Código Civil, "alimentando" é o nome que se dá àquele que pede os alimentos (no processo judicial, é o autor da ação), enquanto "alimentante" é a pessoa para quem são pedidos os alimentos (no processo judicial, é o réu da ação).

Apesar de o nome do instituto jurídico se chamar "alimentos", o que sugere que o valor a ser pago se limite ao necessário para o custeio da alimentação, na verdade devem ser supridos todos os custos para que o alimentando viva *de modo compatível com a sua condição social* – portanto, a pensão alimentícia serve para dar àquele que a pede, dinheiro suficiente para pagar alimentação, saúde, educação, vestimentas, locomoção, lazer e outros custos do seu dia a dia.

Os alimentos devem ser pagos quando o alimentando não tem dinheiro, nem bens suficientes, nem pode se sustentar com seu próprio trabalho ou, por alguma razão, não consegue trabalhar.[19] Por outro lado, o alimentante deve poder fazer esse pagamento, sem que isso atrapalhe seu próprio sustento.

De acordo com a lei brasileira, os alimentos devem ser fixados na proporção das necessidades daquele que pede a pensão alimentícia e dos recursos financeiros da pessoa obrigada a pagá-la. É necessário que sempre se observe que esse binômio seja igual à necessidade de quem pede a pensão somada à possibilidade de quem paga a pensão.[20]

O direito à pensão alimentícia após o rompimento da união estável homoafetiva foi julgado pelo STJ no ano de 2015, no julgamento do REsp. 1.302.467-SP, de relatoria do ministro Luis Felipe Salomão, quando registrou que

19 Há a presunção da dependência econômica dos filhos de pais separados ou divorciados, havendo a necessidade de pagamento da pensão alimentícia até que atinjam os 18 anos e até os 24 anos se estiverem em curso pré-vestibular, ensino técnico ou superior e não tiverem condições financeiras para arcar com os estudos.

20 NIGRI, Tânia. *Pensão alimentícia*. São Paulo: Blucher, 2023.

> *ninguém, absolutamente ninguém, pode ser privado de direitos nem sofrer quaisquer restrições de ordem jurídica por motivo de sua orientação sexual e se afirmou que a igualdade e o tratamento isonômico supõem o direito a ser diferente, o direito a autoafirmação e a um projeto de vida independente de tradições e ortodoxias, sendo a base jurídica para a construção do direito à orientação sexual como direito personalíssimo, atributo inerente e inegável da pessoa humana.*

Em resumo, frisou-se que o direito à igualdade somente se realiza com plenitude se for garantido o direito à diferença; portanto, reconheceu-se o direito à pensão alimentícia segundo as mesmas regras e com as mesmas consequências da união estável heteroafetiva.[21]

Para pedir o pagamento de pensão alimentícia, é necessário contratar um advogado ou procurar a Defensoria Pública, caso a pessoa não tenha condições financeiras para arcar com as despesas do processo. Se houver acordo entre as partes, um único advogado pode requerer ao Juiz de Direito a homologação judicial do acordo, mas na hipótese de não haver acordo, a pessoa que deseja receber a pensão (alimentando) poderá propor uma ação de alimentos, expondo na petição

21 STJ, REsp. 1.302.467-SP, Rel. Min. Luis Felipe Salomão, julgado em 3/3/2015, DJe 25/3/2015.

inicial as suas necessidades financeiras e as possibilidades do alimentante, fazendo a prova do parentesco, das necessidades e possibilidades. Deve ser requerida a fixação de alimentos provisórios, que é o valor da pensão alimentícia a ser fixado liminarmente, para suprir as necessidades urgentes do alimentando, enquanto o juiz não profere a sentença.

A ação de alimentos deve ser proposta no local de domicílio ou residência daquele que pretende receber a pensão alimentícia (alimentando). Após o juiz fixar os alimentos provisórios, ele dará ciência disso ao alimentante (réu) e determinará a sua citação para que apresente defesa nos autos do processo, intimando-o para comparecer à audiência de conciliação, instrução e julgamento.

Não existe uma fórmula mágica para calcular o valor da pensão alimentícia e a lei brasileira também não estipula qual valor ou percentual deverá ser pago a título de alimentos. Isso ocorre, porque é necessário considerar, em cada caso particular, quais são as possibilidades econômico-financeiras daquele que pagará a pensão (alimentante), e quais as necessidades daquele a quem será feito o pagamento (alimentando).

É preciso lembrar que os alimentos têm a função de permitir a sobrevivência do alimentando, sem violar a sobrevivência digna do alimentante, portanto, o juiz fixará a pensão levando em conta este equilíbrio. O valor dos alimentos poderá ser fixo (atualizado anualmente), poderá se basear em percentual dos ganhos do alimentante, em percentual do salário-mínimo ou em quantidade de salários mínimos.

Quando a pensão alimentícia é arbitrada em valor fixo, apenas com reajuste anual, se o alimentante for promovido e passar a auferir aumento salarial, não haverá impacto dessa promoção nos alimentos pagos.

Todos sabemos que é relativamente comum haver inadimplência no pagamento de pensão alimentícia, bem como atrasos no seu cumprimento, por isso devemos informar que a maneira mais segura de receber os alimentos e ter os valores pagos em dia é por meio do desconto de percentual do salário do alimentante, assim como verbas eventuais (férias, indenização, adicionais etc.) na própria fonte pagadora, ou seja, o empregador retém o valor dos alimentos e o repassa ao alimentando.

É importante esclarecer que deve constar no acordo do divórcio ou na sentença do juiz (se não houver acordo sobre o valor da pensão) o percentual dos alimentos e se ele recairá sobre o salário líquido ou bruto do alimentante, devendo, no segundo caso, ser descontado dos ganhos totais, tendo apenas o INSS e o imposto de renda retidos na fonte.

De acordo com a jurisprudência do STJ, a pensão alimentícia deverá incidir sobre os ganhos do alimentante, incluídas as horas extras, mesmo que elas não sejam habituais. Por ocasião do julgamento do Recurso Especial nº 1.098.585/SP, cujo relator foi o Ministro Luis Felipe Salomão, a Quarta Turma entendeu que as horas extras têm caráter remuneratório, por isso elas integrariam a base de cálculo dos alimentos.

Não é raro vermos alimentantes ocultando sua verdadeira condição financeira, visando pagar aos alimentandos valores inferiores ao devido. No passado, era bastante corriqueiro nos depararmos com devedores de alimentos que não tinham carteira assinada, nem outra fonte de renda comprovada, que conseguiam se eximir do pagamento da pensão alimentícia ou pagavam aquilo que queriam, se valendo da impossibilidade de o alimentando comprovar esses ganhos.

Em razão disso, muitos juízes passaram a adotar medidas atípicas para investigar a verdadeira situação econômica do devedor de alimentos, seja determinando a quebra do sigilo bancário, para conferir as movimentações em conta corrente dos últimos 12 meses, seja acessando os dados dos cartões de crédito e descobrindo os gastos efetuados naquele mesmo período. Os juízes têm, também, oficiado a fintechs, que são startups, ou empresas que desenvolvem produtos financeiros digitais com uso de tecnologia, para saber se o alimentante tem dinheiro guardado ou fez movimentações durante o período em que não efetuou o pagamento da pensão alimentícia.

Tem sido comum, também, com o intuito de pressionar o alimentante ao pagamento das pensões alimentícias em atraso, a suspensão de cartão de crédito do devedor, da Carteira Nacional de Habilitação (CNH) e, até mesmo, do passaporte do alimentante.

Pensão por morte nas uniões e casamentos homoafetivos

Os casais homoafetivos têm direito à pensão por morte nos mesmos termos daqueles concedidos aos casais heteroafetivos.

Após a promulgação da reforma da previdência, veiculada pela Emenda Constitucional nº 103/2019, o valor da pensão por morte deixou de ser pago na sua integralidade, passando os dependentes do falecido a receber do Instituto Nacional do Seguro Social (INSS) quantias calculadas a partir de 50% do valor ao qual o falecido recebia, acrescidos de 10% por cada dependente (cônjuges e companheiros são considerados dependentes). Portanto, na hipótese de uma pessoa vir a falecer deixando apenas um companheiro ou cônjuge, o sobrevivente receberá 60% do benefício. Se houver dois dependentes, o valor será de 70%, e assim por diante, até chegar a 100% se o falecido tiver deixado até cinco dependentes ou se houver, entre eles, pessoa com invalidez ou deficiência intelectual, mental ou grave.[22]

Com a reforma da previdência, reduziu-se significativamente a renda dos novos pensionistas (aqueles que já eram aposentados ou pensionistas antes de 12 de novembro de 2019 não tiveram nem terão seus valores alterados). Por exemplo, no caso de um aposentado que recebia a quantia de R$1.500,00 vir a falecer, a viúva receberá R$900,00 reais, quando, na legislação anterior, teria direito ao valor integral de R$1.500,00.

A redução brusca desses ganhos foi objeto de questionamento no STF, e o tema foi debatido na sessão virtual

22 BRASIL. Artigo 23 Emenda Constitucional nº 103 de 12 de novembro de 2019. Disponível em: https://www.jusbrasil.com.br/topicos/244574264/artigo-23-emenda-constitucional-n-103-de-12-de-novembro-de-2019/artigos. Acesso em: 22 abr. 2024.

encerrada em 23 de junho de 2023,[23] quando se julgava a ADI 7051, ajuizada pela Confederação Nacional dos Trabalhadores Assalariados e Assalariadas Rurais (Contar), mas a corte entendeu que a redução da pensão por morte feita na reforma da Previdência é constitucional.

Para ser considerado dependente do segurado do INSS, é preciso que o interessado mostre relação direta ou dependência financeira em relação ao segurado. Dependendo do tipo de relação, a lei classifica os dependentes em três classes:

1. Dependentes de classe 1:
    - o cônjuge no casamento;
    - o(a) companheiro(a) em união estável;
    - o filho não emancipado menor de 21 anos;
    - o filho de qualquer idade, desde que seja inválido, ou tenha deficiência intelectual ou mental, ou deficiência grave.
2. Dependentes de classe 2:
    - a mãe e o pai.
3. Dependentes de classe 3:
    - o irmão menor de 21 anos;
    - o irmão de qualquer idade, desde que seja inválido, ou tenha deficiência intelectual ou mental, ou deficiência grave.

23 STF. ADI: 7051 DF, Relator: Roberto Barroso, Data de Julgamento: 14/2/2023, Data de Publicação: Processo Eletrônico DJe-s/n. Divulgação: 14/02/2023. Publicação: 15/2/2023.

Após a reforma da Previdência, a pensão por morte para casais homoafetivos segue as mesmas regras dos casais heteroafetivos.

As pessoas que fazem parte da classe 1 não precisam comprovar dependência econômica ou financeira do falecido. Essa dependência já é presumida pela lei, bastando comprovar a relação de parentesco, casamento ou união estável.[24]

As pessoas das classes 2 e 3, por não terem a dependência presumida, precisam provar essa relação econômica, porém os membros mais próximos excluem os mais distantes; desse modo, se houver dependentes da classe 1 e da classe 2 e 3, os membros das classes 2 e 3 não terão direito à pensão.

Por exemplo: se um homem, segurado do INSS, vier a falecer, deixando um filho de 19 anos e pais vivos que dele dependiam economicamente, o filho será o único beneficiário da pensão por morte, mesmo os pais sendo economicamente dependentes do filho falecido.

Na hipótese de haver vários dependentes da mesma classe, o valor da pensão será dividido entre todos os dependentes.

Após o julgamento do STF que reconheceu as uniões estáveis homoafetivas, foi editada a Portaria nº 513, de 9 de dezembro de 2010, do Ministro de Estado da Previdência Social,[25] tratando especificamente sobre os dependentes nas

24 BRASIL. Câmara dos Deputados. Artigo 16 – Lei de Planos e Benefícios da Previdência Social / 1991. Dispõe sobre os planos de benefícios da previdência social e dá outras providências. Disponível em: https://www.planalto.gov.br/ccivil_03/leis/l8213cons.htm. Acesso: 22 abr. 2024.

25 BRASIL. Ministério da Previdência Social. Portaria nº 513, de 09 de dezembro de 2010. *Diário Oficial da União*, 10 dez. 2010. Disponível em: https://pesquisa.in.gov.br/imprensa/jsp/visualiza/index.jsp?jornal=1&pagina=71&data=10/12/2010. Acesso em: 22 abr. 2024.

uniões estáveis entre pessoas do mesmo sexo. Estabeleceu-se que, para fins previdenciários, a Lei nº 8.213, de 24 de julho de 1991, deveria ser interpretada de forma a abranger a união estável entre pessoas do mesmo sexo.

Os companheiros são dependentes presumidos para fins de pensão por morte, mas é necessário que a união estável seja assegurada por pelo menos duas provas e uma delas deve ser de, no máximo, dois anos antes do óbito. Exemplificaremos quais documentos valem como prova: comprovante de residência no mesmo endereço; conta bancária conjunta; declaração de Imposto de Renda, em que um parceiro conste como dependente do outro; apólice de seguro, em que o outro conste como beneficiário etc.

Além do cônjuge e companheiro, também podem ter direito à pensão por morte o ex-cônjuge, desde que se prove a dependência econômica, como o recebimento de pensão alimentícia. No que se refere ao tempo de duração da pensão, para que ela seja vitalícia, o cônjuge, ex-cônjuge ou companheiro precisa provar pelo menos dois anos de casamento ou união estável, além de um período mínimo de 18 contribuições mensais à Previdência, por parte do falecido. Se for comprovado casamento ou a união por menos de dois anos ou houver menos de 18 contribuições mensais ao INSS, a pessoa tem direito à pensão por morte somente por quatro meses.

A duração da pensão também varia de acordo com a idade do cônjuge, companheiro ou companheira, como mostra a Tabela 1.

Tabela 1 Duração da pensão	
Idade na data do óbito	**Duração máxima do benefício ou cota**
Menos de 22 anos	3 anos
Entre 22 e 27 anos	6 anos
Entre 28 e 30 anos	10 anos
Entre 31 e 41 anos	15 anos
Entre 42 e 44 anos	20 anos
A partir de 45 anos	Vitalício[26]

A questão relacionada à possibilidade de haver a pensão por morte nos relacionamentos homoafetivos chegou ao Superior Tribunal de Justiça[27] que entendeu que a regulamentação das famílias homoafetivas é medida que se impõe no atual cenário social, não podendo o Poder Judiciário deixar de oferecer proteções legais que tais relações demandam, pois elas são geradoras de importantes efeitos afetivos e patrimoniais na vida de muitos cidadãos.

26 MINISTÉRIO DA PREVIDÊNCIA SOCIAL. Companheira e ex-cônjuge de segurado falecido podem ter direito à pensão. Disponível em: https://www.gov.br/inss/pt-br/assuntos/companheira-e-ex-conjuge-de-segurado-falecido-podem-ter-direito-a-pensao. Acesso em: 07 set. 2023.

27 STJ - REsp: 932653 RS 2007/0055656-0, Relator: Ministro CELSO LIMONGI (DESEMBARGADOR CONVOCADO DO TJ/SP), Data de Julgamento: 16/08/2011, T6 - SEXTA TURMA, Data de Publicação: DJe 03/11/2011.

No caso julgado, o tribunal entendeu que ficou devidamente comprovada a união estável entre o autor e seu falecido companheiro, servidor público, acrescentando que o próprio INSS, gestor do Regime Geral de Previdência Social, há mais de dez anos, vem reconhecendo os parceiros homossexuais como beneficiários da Previdência, pelo que não há como negar o mesmo direito aos companheiros homossexuais de servidor público, equiparando-os à tradicional União Estável formada por homem e mulher.

A decisão ainda citou a norma editada pela Receita Federal que garantiu o direito de Contribuintes do Imposto de Renda de Pessoa Física incluírem parceiros homossexuais como seus dependentes na Declaração,[28] o que revela não haver mais espaço para renegar os direitos provenientes das relações homoafetivas, e que só contribuirá para tornar a nossa sociedade mais justa, humana e democrática, ideal tão presente na Constituição Federal.

Direito à herança dos cônjuges e companheiros homoafetivos

Antes do Código Civil de 2002, os direitos de herança de pessoas casadas eram idênticos aos daqueles que viviam em

28 O benefício tributário foi estendido aos homossexuais depois que a Procuradoria-Geral da Fazenda Nacional (PGFN) deu parecer favorável, em resposta a uma consulta formal encaminhada ao Ministério do Planejamento por uma servidora pública que solicitou a inclusão de sua companheira como dependente para efeito da dedução do IRPF.

união estável, ou seja, não havia qualquer discriminação entre eles, para fins de sucessão. Tal cenário mudou com a edição do artigo 1.790 do Código Civil de 2002, que fazia distinção entre cônjuges e companheiros, estes últimos em posição desfavorável na sucessão hereditária.

Enquanto os cônjuges passaram a ser considerados herdeiros necessários dos bens deixados pelo morto, os companheiros herdavam sob condições menos benéficas. Pelo disposto no Código Civil, um indivíduo que mantinha uma união estável e ficava viúvo, não teria direito à metade dos bens do falecido, como no casamento, mas apenas a um terço desse patrimônio. Essa diferenciação foi discutida pelo STF quando foi julgado o Recurso Extraordinário nº 878.694-MG,[29]

29 Ementa: DIREITO CONSTITUCIONAL E CIVIL. RECURSO EXTRAORDINÁRIO. REPERCUSSÃO GERAL. INCONSTITUCIONALIDADE DA DISTINÇÃO DE REGIME SUCESSÓRIO ENTRE CÔNJUGES E COMPANHEIROS. 1. A Constituição brasileira contempla diferentes formas de família legítima, além da que resulta do casamento. Nesse rol incluem-se as famílias formadas mediante união estável. 2. Não é legítimo desequiparar, para fins sucessórios, os cônjuges e os companheiros, isto é, a família formada pelo casamento e a formada por união estável. Tal hierarquização entre entidades familiares é incompatível com a Constituição de 1988. 3. Assim sendo, o art. 1790 do Código Civil, ao revogar as Leis nºs 8.971/94 e 9.278/96 e discriminar a companheira (ou o companheiro), dando-lhe direitos sucessórios bem inferiores aos conferidos à esposa (ou ao marido), entra em contraste com os princípios da igualdade, da dignidade humana, da proporcionalidade como vedação à proteção deficiente, e da vedação do retrocesso. 4. Com a finalidade de preservar a segurança jurídica, o entendimento ora firmado é aplicável apenas aos inventários judiciais em que não tenha havido trânsito em julgado da sentença de partilha, e às partilhas extrajudiciais em que ainda não haja escritura pública. 5. Provimento do recurso extraordinário. Afirmação, em

que questionava a possibilidade de haver discriminação entre os regimes de herança do casamento e da união estável.

Ao analisar o caso, o STF definiu que não era possível ser feita essa diferenciação entre casamento e união estável, em matéria de herança, concluindo que a lei não pode ser interpretada de maneira a criar diferenças entre regimes sucessórios de cônjuges e companheiros.

Ao final do julgamento, ficou definida a seguinte tese: "No sistema constitucional vigente é inconstitucional a diferenciação de regime sucessório entre cônjuges e companheiros devendo ser aplicado em ambos os casos o regime estabelecido no artigo 1.829 do Código Civil".[30]

No mesmo dia, o STF teve outra oportunidade de apreciar, a questão da herança entre cônjuges e companheiros homoafetivos ao julgar o Recurso Extraordinário nº 646.721.[31]

repercussão geral, da seguinte tese: "No sistema constitucional vigente, é inconstitucional a distinção de regimes sucessórios entre cônjuges e companheiros, devendo ser aplicado, em ambos os casos, o regime estabelecido no art. 1.829 do CC/2002".

STF, Recurso Extraordinário 878.694, Relator Ministro Roberto Barroso, DATA DE PUBLICAÇÃO DJE 06/02/2018.

30 JUSBRASIL. STF decide: não existe diferença entre cônjuge e companheiro para fins sucessórios. Disponível em: https://www.jusbrasil.com.br/noticias/stf-decide-nao-existe-diferenca-entre-conjuge-e-companheiro-para-fins-sucessorios/463383687#:~:text=O%20STF%2C%20em%20recente%20decis%C3%A3o,artigo%201.829%20do%20C%C3%B3digo%20Civil. Acesso em: 22 abr. 2024.

31 Direito constitucional e civil. Recurso extraordinário. Repercussão geral. Aplicação do artigo 1.790 do Código Civil à sucessão em união estável homoafetiva. Inconstitucionalidade da distinção de regime sucessório entre cônjuges e

No caso concreto, um homem vivia em união estável homoafetiva há 40 anos, até que seu companheiro veio a falecer, sem deixar testamento. O falecido não possuía descendentes, mas sua mãe ainda era viva, portanto, o Tribunal limitou o direito sucessório do companheiro a um terço dos bens comprados durante a união estável, excluindo-se os bens particulares do falecido, que seriam recebidos integralmente

companheiros. 1. A Constituição brasileira contempla diferentes formas de família legítima, além da que resulta do casamento. Nesse rol incluem-se as famílias formadas mediante união estável, hétero ou homoafetivas. O STF já reconheceu a "inexistência de hierarquia ou diferença de qualidade jurídica entre as duas formas de constituição de um novo e autonomizado núcleo doméstico", aplicando-se a união estável entre pessoas do mesmo sexo as mesmas regras e mesmas consequências da união estável heteroafetiva (ADI 4277 e ADPF 132, Rel. Min. Ayres Britto, j. 05.05.2011) 2. Não é legítimo desequiparar, para fins sucessórios, os cônjuges e os companheiros, isto é, a família formada pelo casamento e a formada por união estável. Tal hierarquização entre entidades familiares é incompatível com a Constituição de 1988. Assim sendo, o art. 1.790 do Código Civil, ao revogar as Leis nº 8.971/1994 e nº 9.278/1996 e discriminar a companheira (ou o companheiro), dando-lhe direitos sucessórios bem inferiores aos conferidos à esposa (ou ao marido), entra em contraste com os princípios da igualdade, da dignidade humana, da proporcionalidade como vedação à proteção deficiente e da vedação do retrocesso. 3. Com a finalidade de preservar a segurança jurídica, o entendimento ora firmado é aplicável apenas aos inventários judiciais em que não tenha havido trânsito em julgado da sentença de partilha e às partilhas extrajudiciais em que ainda não haja escritura pública. 4. Provimento do recurso extraordinário. Afirmação, em repercussão geral, da seguinte tese: "No sistema constitucional vigente, é inconstitucional a distinção de regimes sucessórios entre cônjuges e companheiros, devendo ser aplicado, em ambos os casos, o regime estabelecido no art. 1.829 do CC/2002". (STF - RE: 646721 RS, Relator: MARCO AURÉLIO, Data de Julgamento: 10/05/2017, Tribunal Pleno, Data de Publicação: 11/09/2017).

pela mãe, juntamente com os outros dois terços dos bens adquiridos durante a união estável. Caso fosse casado – o que, na época do falecimento, sequer era possível em uniões homoafetivas – ele faria jus a 50% da herança.

Ao analisar a questão, o STF equiparou os direitos à herança dos casais homoafetivos aos casais heteroafetivos, com base nos princípios da dignidade da pessoa humana, da igualdade, da proporcionalidade e da vedação do retrocesso, tendo em vista a não hierarquização entre entidades familiares. Portanto, não apenas o cônjuge como também o companheiro heteroafetivo ou homoafetivo herdam, passando a ser reconhecidos como herdeiros necessários, desde que não estejam separados de fato do falecido, por ocasião da sua morte – o cônjuge/companheiro será meeiro sobre os bens comuns e herdeiro sobre os bens particulares.

Em seu magistral voto, o Ministro Celso de Mello destacou que o Supremo Tribunal Federal, ao proferir aquele julgamento de equiparação de companheiros a cônjuges, inclusive os companheiros homoafetivos, estaria viabilizando a plena realização dos valores da liberdade, da igualdade e da não discriminação, que representam fundamentos essenciais à configuração de uma sociedade verdadeiramente democrática. Assim, tornando efetivo o princípio da isonomia, estaria assegurado o respeito à liberdade pessoal e à autonomia individual, conferindo primazia à dignidade da pessoa humana, rompendo paradigmas históricos, culturais e sociais e removendo obstáculos que se antepõem, até mesmo em matéria sucessória, como se vê das diversas posições jurisprudenciais dos tribunais locais, em relação aos integrantes de uniões estáveis, tanto as heteroafetivas, quanto as homoafetivas.[32]

32 Bens comuns são os bens que pertencem ao casal, e não a apenas um dos dois cônjuges ou companheiros. No regime da comunhão parcial, os bens comuns são aqueles adquiridos durante o casamento ou união estável, excluindo-se os bens particulares, ou seja, os bens que pertencem a apenas um dos cônjuges ou companheiros, seja porque já integravam o patrimônio exclusivo de um deles, ao tempo do casamento ou união estável, seja por terem sido adquiridos por doação ou herança. Na comunhão parcial de bens, é chamado de particular o patrimônio adquirido anteriormente ao casamento, aquele que foi recebido através de herança ou doação, ou ainda, os bens comprados com o produto da venda de outros bens particulares.

2. ADOÇÃO POR PESSOAS HOMOAFETIVAS

Em 5 de março de 2015, a ministra Cármen Lúcia, do STF, em uma decisão histórica e inédita, reconheceu o direito de um casal homossexual de adotar uma criança, ao julgar o RE 846.102.[1]

O processo, em que se reconheceu o direito à adoção, era de Toni e David, e ele já tramitava desde o ano de 2005. Desde lá, os dois passaram por uma série de tribunais, gastaram com advogados, viajaram a Brasília, conversaram com juristas influentes e acabaram chegando ao STF. Em primeira instância, ainda no Paraná, tiveram concedido o direito de adotar uma criança do sexo oposto e com mais do que 12 anos. Acharam as restrições preconceituosas e recorreram ao Tribunal de Justiça, que derrubou o limite mínimo de idade, mas o Ministério Público recorreu dessa decisão, levando a questão para o Supremo Tribunal Federal, que reconheceu o direito do casal à adoção, sem aqueles requisitos fixados pela decisão anterior. Toni e David já têm três filhos: Alysson, 14 anos, Jéssica, 11 anos, e Filipe, 9 anos.

Na decisão proferida pelo Supremo Tribunal Federal, a Ministra Cármen Lúcia disse que "Sabido que lugar de crianças

1 STF – RE: 846102 PR – PARANÁ, Relator: Min. CÁRMEN LÚCIA, Data de Julgamento: 05/03/2015, Data de Publicação: DJe-052 18/03/2015.

e adolescentes não é propriamente o orfanato, menos ainda a rua, a sarjeta, ou os guetos da prostituição infantil e do consumo de entorpecentes e drogas afins. Tanto quanto o espaço de vida ideal para os idosos não são os albergues ou asilos públicos, muito menos o relento ou os bancos de jardim em que levas e levas de seres humanos abandonados despejam suas últimas sobras de gente. Mas o comunitário ambiente da própria família. Tudo conforme os expressos dizeres dos artigos 227 e 229 da Constituição, este último alusivo às pessoas idosas, e, aquele, pertinente às crianças e aos adolescentes.

Em 2015, um homem solteiro homoafetivo garantiu o direito de se habilitar para adoção de uma criança entre três e cinco anos de idade, conforme ele solicitou.

O processo chegou ao STJ através do recurso do Ministério Público (MP) do Paraná contra a habilitação permitida pela Justiça do estado. Para o MP, a adoção só deveria ser admitida a partir dos 12 anos, idade em que o menor seria capaz de decidir se consente em ser adotado por pessoa homoafetiva.

O relator do caso, ministro Villas Bôas Cueva, afirmou que o artigo 50 do Estatuto da Criança e do Adolescente não proíbe a adoção de crianças por solteiros ou casais homoafetivos nem impõe qualquer restrição etária ao adotando nestas hipóteses.

O ministro observou que a Justiça paranaense reconheceu expressamente, com base na documentação do processo, que o interessado em adotar preenche todos os requisitos para figurar no registro de candidatos à adoção.

O relator assinalou que a sociedade, não apenas do Brasil, vem alterando sua compreensão do conceito de família e reconhecendo a união entre pessoas do mesmo sexo como unidade familiar digna de proteção do estado:

> *"Nesse contexto de pluralismo familiar, e pautado nos princípios da igualdade e da dignidade da pessoa humana, não se vislumbra a possibilidade de haver nenhuma distinção de direitos ou exigências legais entre as parcelas da população brasileira homoafetiva (ou demais minorias) e heteroafetiva", afirmou o ministro no voto.*

Villas Bôas Cueva concluiu que o bom desempenho e o bem-estar da criança estão ligados ao aspecto afetivo e ao vínculo existente na unidade familiar, e não à orientação sexual do adotante. A decisão foi unânime.[2]

O STJ também já havia tomado decisões favoráveis às pessoas homoafetivas em matéria de adoção, quando decidiu que um casal em união homoafetiva há 12 anos teria condições de permanecer com a guarda de um bebê de dez meses, até a finalização do processo regular de adoção.[3]

2 Voltar para o início da notícia.
Saiba o significado de termos publicados nesta notícia:
1° termo - Provimento: Ato de prover. Dar provimento a recurso significa acolher o pedido para reformar ou anular decisão judicial anterior. No direito administrativo, é o ato de preencher vaga no serviço público.
Fim do significado dos termos apresentados.

3 O número deste processo não é divulgado em razão de segredo judicial.

Em 2016, o bebê, de apenas 17 dias, foi encontrado dentro de uma caixa de papelão em frente à casa da mãe de um dos companheiros. Após acolher a criança, o casal procurou a Polícia Civil para reportar o ocorrido e contratou um detetive particular para descobrir quem era a mãe da criança. Ao ser encontrada, a mãe alegou ter escolhido o casal para cuidar do bebê, por não ter condições financeiras de criá-lo.

O ministro Villas Bôas Cueva registrou que o casal mantinha lar estruturado e apresentava desejo genuíno de permanecer com a criança de forma definitiva. Além disso, não foi apontada nenhuma das hipóteses de violação dos direitos do menor previstas no art. 98 do Estatuto da Criança e do Adolescente (ECA). O relator concluiu:

> *Admitir-se a busca e apreensão de criança, transferindo-a a uma instituição social como o abrigo, sem necessidade alguma, até que se decida em juízo sobre a validade do ato jurídico da adoção, em prejuízo do bem-estar físico e psíquico do infante, com risco de danos irreparáveis à formação de sua personalidade, exatamente na fase em que se encontra mais vulnerável, não encontra amparo em nenhum princípio ou regra de nosso ordenamento.*

A Terceira Turma do Superior Tribunal de Justiça (STJ) também manteve uma decisão que garantiu, dentro de uma união estável homoafetiva, a adoção unilateral de filha concebida por inseminação artificial, para que ambas as companheiras passem a compartilhar a condição de mãe da adotanda. O Tribunal, na totalidade de seus votos, negou o recurso do Ministério Público de São Paulo, que pretendia reformar esse entendimento.

Na primeira instância, a mulher que pretendia adotar a filha gerada pela companheira obteve sentença favorável. O Ministério Público recorreu, mas o Tribunal de Justiça de São Paulo (TJSP) manteve a sentença por considerar que, à luz do Estatuto da Criança e do Adolescente e da Constituição Federal, a adoção é vantajosa para a criança e permite o exercício digno dos direitos e deveres decorrentes da instituição familiar.

Em recurso ao STJ, o MP sustentou que seria juridicamente impossível a adoção de criança ou adolescente por duas pessoas do mesmo sexo. Afirmou que o instituto da adoção guarda perfeita simetria com a filiação natural, pressupondo que o adotando, tanto quanto o filho biológico, seja fruto da união de um homem e uma mulher.A companheira adotante afirmou a anuência da mãe biológica com o pedido de adoção, alegando a estabilidade da relação homoafetiva que mantém com ela e a existência de ganhos para a adotanda.

Em seu voto, a relatora, ministra Nancy Andrighi, disse ser importante levar em conta que, conforme consta do processo, a inseminação artificial (por doador desconhecido) foi fruto de planejamento das duas companheiras, que já viviam em união estável.

Para a relatora do feito, Ministra Nancy Andrighi, o ordenamento jurídico brasileiro não condiciona o pleno exercício da cidadania a determinada orientação sexual das pessoas: Se determinada situação é possível ao extrato heterossexual da população brasileira, também o é à fração homossexual, assexual ou transexual, e a todos os demais grupos representativos de minorias de qualquer natureza.

Para ela, a existência ou não de vantagens para o adotando, em um processo de adoção, é o elemento subjetivo de maior importância na definição da viabilidade do pedido. O adotando é o objeto primário da proteção legal, e toda a discussão do caso deve levar em conta a primazia do melhor interesse do menor sobre qualquer outra condição ou direito das partes envolvidas.

A ministra considera que merece acolhida a vontade das companheiras, mesmo porque é fato que o nascimento da criança ocorreu por meio de acordo mútuo entre a mãe biológica e a adotante, e tal como ocorre em geral nas reproduções naturais ou assistidas, em que os partícipes desejam a reprodução e se comprometem com o fruto concebido e nascido, também neste caso deve persistir o comprometimento do casal com a nova pessoa.

A ministra Nancy Andrighi também questionou o argumento do MP de São Paulo a respeito do constrangimento que seria enfrentado pela adotanda em razão de apresentar, em seus documentos, a inusitada condição de filha de duas mulheres. Na opinião da relatora, certos elementos da situação podem mesmo gerar desconforto para a adotanda, que passará a registrar duas mães, sendo essa distinção reproduzida perenemente, toda vez que for gerar documentação nova. Porém, essa diferença persistiria mesmo se não houvesse a adoção, pois haveria maternidade singular no registro de nascimento, que igualmente poderia dar ensejo a tratamento diferenciado.

Essa circunstância não se mostra suficiente para obstar o pedido de adoção, por ser perfeitamente suplantada, em muito, pelos benefícios outorgados pela adoção, concluiu. Ela lembrou que ainda hoje há casos de discriminação contra filhos de mães solteiras, e que até recentemente os filhos de pais separados enfrentavam problema semelhante.[4]

Em março de 2017, em outro caso, o STJ reforçou o entendimento de que é possível a inscrição de pessoa homoafetiva no cadastro de interessados em adoção de menores de qualquer idade.[5]

Por fim, é importante dizer que, em decisão tomada em 9/8/2023, o Conselho Nacional do Ministério Público (CNMP) decidiu que membros do MP não podem se manifestar contra a adoção de crianças e adolescentes com base na orientação sexual dos adotantes. A decisão pretende combater a

4 O número deste processo não é divulgado em razão de sigilo judicial.

5 STF. Cadernos de Jurisprudência do Supremo Tribunal Federal: Concretizando Direitos Humanos – Direito das Pessoas LGBTQIA+. In: https://www.cnj.jus.br/wp-content/uploads/2022/12/cadernos-stf-lgbtqia-3.pdf. Acesso em: 16 ago. 2023.

LGBTQIAPN+fobia nos processos de adoção e guarda, como a sofrida pelo Senador Fabiano Contarato.[6] O Senador capixaba e seu esposo, Rodrigo Groberio, foram vítimas de comentários homofóbicos do promotor de justiça Clóvis Barbosa Figueira no processo de adoção do primeiro filho do casal, Gabriel, em 2017. Em razão dessa conduta, foi proposta uma ação contra o estado do Espírito Santo pedindo a indenização por danos morais, que foi julgada procedente, com o reconhecimento civil de responsabilidade do estado através do comportamento do Ministério Público. Na decisão, a juíza responsável pelo caso considerou que foram "devidamente comprovados os termos preconceituosos discriminatórios em relação aos autores no parecer emitido pelo promotor de justiça no processo de adoção". Para a magistrada, o promotor, em suas manifestações, adotou "valores completamente dissociados da realidade social à qual o ordenamento jurídico está inserido". Segundo a sentença, o promotor "deixou de considerar em sua peça opinativa os avanços jurídicos em relação aos relacionamentos homoafetivos e seus desdobramentos, como no caso da adoção por casais compostos por pessoas do mesmo sexo" e "a Constituição Federal não tolera qualquer discriminação".

6 O pedido de indenização foi apresentado pelo parlamentar capixaba e seu esposo, por terem sido vítimas de comentários homofóbicos por parte do promotor de Justiça. A juíza fixou a indenização por dano moral, no valor de R$ 12,7 mil para cada um.

O promotor também foi condenado administrativamente a cinco dias de suspensão pelo Conselho Nacional do Ministério Público (CNMP) em processo movido pelo mesmo Senador Contarato.[7]

7 Em decisão definitiva da Justiça, Contarato vence ação por homofobia de promotor em processo de adoção. In: Em decisão definitiva da Justiça, Contarato vence ação por homofobia de promotor em processo de adoção – Fabiano Contarato Senador. Acesso em: 25 jun. 2024.

3. ALTERAÇÃO DE NOME E GÊNERO NO REGISTRO CIVIL

Em 2009, ao julgar o Recurso Especial nº 1.008.398,[1] o STJ permitiu que uma mulher transgênero, após a cirurgia de transgenitalização, alterasse o gênero e o nome registrados em sua certidão de nascimento.

Em 2017, a Quarta Turma do STJ autorizou a alteração do gênero no registro civil de transexuais, independentemente da realização de cirurgia de adequação de sexo. Essa decisão foi proferida em ação que pedia a modificação de prenome e de gênero de uma transexual, que apresentou avaliação psicológica pericial para comprovar sua identificação social como mulher.[2]

Ao pedir a alteração do registro, a autora informou que, mesmo sem ter se submetido à operação de transgenitalização, passou por outras intervenções cirúrgicas e hormonais para adequar a aparência física à realidade psíquica, o que gerou dissonância entre sua imagem e os dados apresentados no assentamento civil.

O relator do recurso, ministro Luis Felipe Salomão, informou que o STJ já vinha permitindo a alteração de nome e

1 STJ – REsp: 1.008.398 SP 2007/0273360-5, Relator: Ministra Nancy Andrighi, Data de Julgamento: 15/10/2009, T3 – Terceira Turma, Data de Publicação: DJe 18/11/2009.

2 O número desse processo não é divulgado em razão de segredo judicial.

gênero nos registros dos transexuais submetidos a cirurgia de transgenitalização, assinalando que a extensão desse direito aos que não passaram pelo procedimento cirúrgico representa uma evolução da jurisprudência:

> *[Ela] deve evoluir para alcançar também os transexuais não operados, conferindo-se, assim, a máxima efetividade ao princípio constitucional da promoção da dignidade da pessoa humana, cláusula geral de tutela dos direitos existenciais inerentes à personalidade, a qual, hodiernamente, é concebida como valor fundamental do ordenamento jurídico, o que implica o dever inarredável de respeito às diferenças.*

Essa questão chegou ao STF em março de 2018, quando o tribunal entendeu ser possível a alteração de nome e gênero no assento de registro civil, mesmo sem a realização de procedimento cirúrgico de redesignação de sexo.[3] A ação havia

3 STF. Ação Direta de Inconstitucionalidade nº 4.275 DF. Relator: Ministro Marco Aurélio. Data de Julgamento: 1/3/2018. Tribunal Pleno. Ação Direta de Inconstitucionalidade. Direito Constitucional e Registral. Pessoa Transgênero. Alteração do prenome e do sexo no registro civil. Possibilidade. Direito ao nome, ao reconhecimento da personalidade jurídica, à liberdade pessoal, à honra e à dignidade. Inexigibilidade de cirurgia de transgenitalização ou da realização de tratamentos hormonais ou patologizantes. O direito à igualdade sem discriminações abrange a identidade ou expressão de gênero. A identidade de gênero é manifestação da própria personalidade da pessoa humana e, como tal, cabe ao Estado apenas o papel de reconhecê-la, nunca de constituí-la.

Pessoas transgênero podem alterar nome e gênero no registro civil sem necessidade de ter realizado cirurgia, conforme decisão do STF em 2018 e Provimento 73/2018 do CONSELHO NACIONAL DE JUSTIÇA (CNJ).

sido ajuizada pela Procuradoria-Geral da República (PGR), a fim de dar uma interpretação conforme a Constituição ao art. 58 da Lei nº 6.015/1973, que dispõe sobre os registros públicos, no sentido de ser possível a alteração de prenome e gênero no registro civil mediante averbação no registro original, independentemente de cirurgia de transgenitalização.

Ao reanalisar essa questão, em agosto de 2018, no julgamento de recurso com repercussão geral reconhecida, o Tribunal entendeu ser possível a alteração de nome e gênero no assento de registro civil mesmo sem a realização de procedimento cirúrgico de redesignação de sexo.[4]

A tese proposta pelo relator e aprovada pelo Plenário do STF tem os seguintes termos:

1. O transgênero tem direito fundamental subjetivo à alteração de seu prenome e de sua classificação de gênero no registro civil, não se exigindo para tanto nada além da manifestação de vontade do indivíduo, o qual poderá

A pessoa transgênero que comprove sua identidade de gênero dissonante daquela que lhe foi designada ao nascer por autoidentificação firmada em declaração escrita desta sua vontade dispõe do direito fundamental subjetivo à alteração do prenome e da classificação de gênero no registro civil pela via administrativa ou judicial, independentemente de procedimento cirúrgico e laudos de terceiros, por se tratar de tema relativo ao direito fundamental ao livre desenvolvimento da personalidade. Ação direta julgada procedente. Brasília, DF: STF, 2018. Disponível em: https://redir.stf.jus.br/paginadorpub/paginador.jsp?docTP=TP&docID=749297200. Acesso em: 22 abr. 2024.

4 STF – RE: 670422 RS, Relator: DIAS TOFFOLI, Data de Julgamento: 15/08/2018, Tribunal Pleno, Data de Publicação: 10/03/2020.

exercer tal faculdade tanto pela via judicial como diretamente pela via administrativa.

2. Essa alteração deve ser averbada à margem do assento de nascimento, vedada a inclusão do termo "transgênero".
3. Nas certidões do registro não constará nenhuma observação sobre a origem do ato, vedada a expedição de certidão de inteiro teor, salvo a requerimento do próprio interessado ou por determinação judicial.
4. Efetuando-se o procedimento pela via judicial, caberá ao magistrado determinar, de ofício ou a requerimento do interessado, a expedição de mandados específicos para a alteração dos demais registros nos órgãos públicos ou privados pertinentes, os quais deverão preservar o sigilo sobre a origem dos atos.

A partir dessas decisões do STJ e do STF, o Conselho Nacional de Justiça (CNJ) publicou o Provimento 73/2018[5]

5 Art. 1° Dispor sobre a averbação da alteração do prenome e do gênero nos assentos de nascimento e casamento de pessoa transgênero no Registro Civil das Pessoas Naturais.
Art. 2° Toda pessoa maior de 18 anos completos habilitada à prática de todos os atos da vida civil poderá requerer ao ofício do RCPN a alteração e a averbação do prenome e do gênero, a fim de adequá-los à identidade autopercebida.
1° A alteração referida no caput deste artigo poderá abranger a inclusão ou a exclusão de agnomes indicativos de gênero ou de descendência.
2° A alteração referida no caput não compreende a alteração dos nomes de família e não pode ensejar a identidade de prenome com outro membro da família.
3° A alteração referida no caput poderá ser desconstituída na via administrativa, mediante autorização do juiz corregedor permanente, ou na via judicial.

Art. 3º A averbação do prenome, do gênero ou de ambos poderá ser realizada diretamente no ofício do RCPN onde o assento foi lavrado.
Parágrafo único. O pedido poderá ser formulado em ofício do RCPN diverso do que lavrou o assento; nesse caso, deverá o registrador encaminhar o procedimento ao oficial competente, às expensas da pessoa requerente, para a averbação pela Central de Informações do Registro Civil (CRC).
Art. 4º O procedimento será realizado com base na autonomia da pessoa requerente, que deverá declarar, perante o registrador do RCPN, a vontade de proceder à adequação da identidade mediante a averbação do prenome, do gênero ou de ambos.
§ 1º O atendimento do pedido apresentado ao registrador independe de prévia autorização judicial ou da comprovação de realização de cirurgia de redesignação sexual e/ou de tratamento hormonal ou patologizante, assim como de apresentação de laudo médico ou psicológico.
§ 2º O registrador deverá identificar a pessoa requerente mediante coleta, em termo próprio, conforme modelo constante do anexo deste provimento, de sua qualificação e assinatura, além de conferir os documentos pessoais originais.
§ 3º O requerimento será assinado pela pessoa requerente na presença do registrador do RCPN, indicando a alteração pretendida.
§ 4º A pessoa requerente deverá declarar a inexistência de processo judicial que tenha por objeto a alteração pretendida.
§ 5º A opção pela via administrativa na hipótese de tramitação anterior de processo judicial cujo objeto tenha sido a alteração pretendida será condicionada à comprovação de arquivamento do feito judicial.
§ 6º A pessoa requerente deverá apresentar ao ofício do RCPN, no ato do requerimento, os seguintes documentos:
I – certidão de nascimento atualizada;
II – certidão de casamento atualizada, se for o caso;
III – cópia do registro geral de identidade (RG);
IV – cópia da identificação civil nacional (ICN), se for o caso;
V – cópia do passaporte brasileiro, se for o caso;
VI – cópia do cadastro de pessoa física (CPF) no Ministério da Fazenda;
VII – cópia do título de eleitor;
IX – cópia de carteira de identidade social, se for o caso;
X – comprovante de endereço;

XI - certidão do distribuidor cível do local de residência dos últimos cinco anos (estadual/federal);
XII - certidão do distribuidor criminal do local de residência dos últimos cinco anos (estadual/federal);
XIII - certidão de execução criminal do local de residência dos últimos cinco anos (estadual/federal);
XIV - certidão dos tabelionatos de protestos do local de residência dos últimos cinco anos;
XV - certidão da Justiça Eleitoral do local de residência dos últimos cinco anos;
XVI - certidão da Justiça do Trabalho do local de residência dos últimos cinco anos;
XVII - certidão da Justiça Militar, se for o caso.
§ 7° Além dos documentos listados no parágrafo anterior, é facultado à pessoa requerente juntar ao requerimento, para instrução do procedimento previsto no presente provimento, os seguintes documentos:
I - laudo médico que ateste a transexualidade/travestilidade;
II - parecer psicológico que ateste a transexualidade/travestilidade;
III - laudo médico que ateste a realização de cirurgia de redesignação de sexo.
§ 8° A falta de documento listado no § 6° impede a alteração indicada no requerimento apresentado ao ofício do RCPN.
§ 9° Ações em andamento ou débitos pendentes, nas hipóteses dos incisos XI, XII, XIII, XIV, XV, XVI e XVII do § 6°, não impedem a averbação da alteração pretendida, que deverá ser comunicada aos juízes e órgãos competentes pelo ofício do RCPN onde o requerimento foi formalizado.
Art. 5° A alteração de que trata o presente provimento tem natureza sigilosa, razão pela qual a informação a seu respeito não pode constar das certidões dos assentos, salvo por solicitação da pessoa requerente ou por determinação judicial, hipóteses em que a certidão deverá dispor sobre todo o conteúdo registral.
Art. 6° Suspeitando de fraude, falsidade, má-fé, vício de vontade ou simulação quanto ao desejo real da pessoa requerente, o registrador do RCPN fundamentará a recusa e encaminhará o pedido ao juiz corregedor permanente.
Art. 7° Todos os documentos referidos no art. 4° deste provimento deverão permanecer arquivados indefinidamente, de forma física ou eletrônica, tanto no ofício do RCPN em que foi lavrado originalmente o registro civil quanto naquele em que foi lavrada a alteração, se diverso do ofício do assento original.
Parágrafo único. O ofício do RCPN deverá manter índice em papel e/ou eletrônico de forma que permita a localização do registro tanto pelo nome original quanto pelo nome alterado.

para orientar o procedimento de alteração do nome e do gênero das pessoas transgênero diretamente nos cartórios de registro civil.[6] Entre outras atestações, o normativo fixou que a pessoa

Art. 8º Finalizado o procedimento de alteração no assento, o ofício do RCPN no qual se processou a alteração, às expensas da pessoa requerente, comunicará o ato oficialmente aos órgãos expedidores do RG, ICN, CPF e passaporte, bem como ao Tribunal Regional Eleitoral (TRE).
1º A pessoa requerente deverá providenciar a alteração nos demais registros que digam respeito, direta ou indiretamente, a sua identificação e nos documentos pessoais.
2º A subsequente averbação da alteração do prenome e do gênero no registro de nascimento dos descendentes da pessoa requerente dependerá da anuência deles quando relativamente capazes ou maiores, bem como da de ambos os pais.
3º A subsequente averbação da alteração do prenome e do gênero no registro de casamento dependerá da anuência do cônjuge.
4º Havendo discordância dos pais ou do cônjuge quanto à averbação mencionada nos parágrafos anteriores, o consentimento deverá ser suprido judicialmente.
Art. 9º Enquanto não editadas, no âmbito dos Estados e do Distrito Federal, normas específicas relativas aos emolumentos, observadas as diretrizes previstas pela Lei n. 10.169, de 29 de dezembro de 2000, aplicar-se-á às averbações a tabela referente ao valor cobrado na averbação de atos do registro civil.
Parágrafo único. O registrador do RCPN, para os fins do presente provimento, deverá observar as normas legais referentes à gratuidade de atos.
Art. 10. Este provimento entra em vigor na data de sua publicação.
BRASIL. CNJ. Provimento nº 73, de 28 de junho de 2028. Dispõe sobre a averbação da alteração do prenome e do gênero nos assentos de nascimento e casamento de pessoa transgênero no Registro Civil das Pessoas Naturais (RCPN). Disponível em: https://atos.cnj.jus.br/atos/detalhar/2623. Acesso em: 22 abr. 2024.

6 Dados da Arpen-Brasil mostram que, desde as decisões proferidas pelo STJ e pelo STF, o número de pessoas que solicitam a alteração do registro civil diretamente nos cartórios vem crescendo a cada ano. Em 2018, 1.129 pessoas alteraram o gênero registrado. No ano seguinte, o número de registros

com mais de 18 anos que não se identifique com o gênero constante em seu registro de nascimento, que tenha ou não passado pela cirurgia de redesignação sexual, pode pedir a mudança extrajudicial.

Em 2022, a Lei nº 14.382 alterou o artigo 56 da Lei de Registros Públicos para permitir que qualquer pessoa maior de idade (não só os transgêneros), a qualquer tempo, requeira a mudança do prenome, independentemente de justificativa e de autorização judicial – direito que antes, em regra, só podia ser exercido no prazo de um ano após a maioridade.[7]

Pessoas não binárias também podem fazer alteração de gênero e de nome diretamente nos cartórios extrajudiciais do Distrito Federal. Os Registros Civis das Pessoas Naturais estão autorizados a aplicar as disposições contidas no Provimento 73/2018 do Conselho Nacional de Justiça (CNJ) aos casos de requerimento de alteração do gênero para "não binário", e a mudança nos documentos pode ser realizada independentemente da edição de ato normativo pela Corregedoria da Justiça do Distrito Federal.

modificados aumentou para 1.848; em 2020, caiu para 1.283 devido à pandemia da Covid-19; mas, em 2021, voltou a crescer, com 1.863 alterações, chegando a 2.932 em 2022 (até 10 de dezembro).

7 REDAÇÃO CONJUR. STJ foi marco inicial de novas regras sobre alteração no registro civil de transgêneros. 29 jan. 2023. Consulto Jurídico. Disponível em: https://www.conjur.com.br/2023-jan-29/stj-foi-marco-inicial-novas-regras-alteracao-registro-trans#:~:text=Em%202022%2C%20a%20Lei%20 14.382,ser%20exercido%20no%20prazo%20de Acesso em: 16 ago. 2023.

Em 2018, o TSE permitiu a inclusão do nome social no título de eleitor, baseando-se na autodeclaração do eleitor, sem necessidade de documentação prévia.

Inclusão do nome social no título de eleitor

No ano de 2018, o Tribunal Superior Eleitoral (TSE) publicou a Portaria Conjunta TSE nº 1/2018[8] permitindo a inclusão do nome social no título de eleitor, bastando ser acessado o Título Net,[9] preenchido o requerimento com os documentos, com envio para sua zona eleitoral. A apresentação de documento anterior em que conste o nome social é opcional, pois, para a Justiça Eleitoral, a autodeclaração do eleitor é suficiente.[10,11]

A Resolução TSE nº 23.562/2018 também assegura a atualização do nome social no título de eleitor dos transexuais e travestis, bem como da identidade de gênero – masculino e feminino. O registro do nome social independe da atualização da identidade de gênero. A pessoa pode realizar uma dessas ações ou ambas. Somente o nome social aparece no título de

8 BRASIL. TSE. Portaria Conjunta nº 1, de 17 de abril de 2018. Regulamenta a inclusão do nome social no cadastro eleitoral, prevista na Resolução-TSE 23.562, de 22.3.2018. Disponível em: https://www.tse.jus.br/legislacao/compilada/prtc/2018/portaria-conjunta-no-1-de-17-de-abril-de-2018. Acesso em: 22 abr. 2024.

9 Para mais informações sobre título eleitoral, consulte: https://cad-app-titulonet.tse.jus.br/titulonet/novoRequerimento.

10 O Conselho Nacional dos Direitos das Pessoas Lésbicas, Gays, Bissexuais, Travestis, Transexuais, Queers e Intersexos (CNLGBTQIA+) publicou a Resolução nº 2, de 19 de setembro de 2023, que dá diretrizes para escolas públicas e privadas quanto ao reconhecimento e adoção do nome social dos estudantes.

11 ANDREATTO, D. Nome social no título de eleitor cresceu 374% entre os anos de 2018 e 2022. 7 out. 2022. *CNN Brasil*. Disponível em: https://www.cnnbrasil.com.br/politica/nome-social-no-titulo-de-eleitor-cresce-374-entre-2018-e-2022/. Acesso em: 22 abr. 2024.

eleitor. A consulta da identidade de gênero está disponível apenas no Cadastro Eleitoral.

As pessoas transexuais e travestis terão o nome social registrado nas folhas de votação e dos terminais de mesários nas seções eleitorais. Já o reconhecimento da identidade de gênero é importante, sobretudo, para os transexuais e travestis que planejam se candidatar. Embora não esteja impressa no título, a informação será levada em conta para o cálculo dos percentuais mínimos e máximos de gênero no pleito deste ano, de acordo com a legislação eleitoral.

4. CUMPRIMENTO DE PENA POR TRANSEXUAIS FEMININAS E TRAVESTIS

Na sessão virtual encerrada em 14 de agosto 2023, o plenário do STF rejeitou a tramitação da ADPF 527, proposta pela Associação Brasileira de Lésbicas, Gays, Bissexuais, Travestis e Transexuais (ALGBT) que pretendia garantir o direito de transexuais femininas e travestis ao cumprimento de pena em condições compatíveis com sua identidade de gênero.

Em junho de 2019, o relator do recurso, ministro Roberto Barroso, determinou que mulheres transexuais fossem transferidas para presídios femininos. A decisão, contudo, não se estendia a travestis, porque o ministro entendeu que ainda não estava demonstrada qual a melhor providência a ser adotada em relação a esse grupo.

No ano de 2021, o relator ajustou sua decisão para que transexuais e travestis com identidade de gênero feminina pudessem optar por cumprir penas em estabelecimento prisional feminino ou masculino e, caso escolhesse o último, fossem mantidas em área reservada, como garantia de segurança.[1]

1 REDAÇÃO MIGALHAS. STF: Juízes devem decidir local de pena de pessoas trans. 15 ago. 2023. *Migalhas*. Disponível em: https://www.migalhas.com.br/quentes/391729/stf-juizes-devem-decidir-local-de-pena-de-pessoas-trans. Acesso em: 9 set. 2023.

Apesar dessa decisão, que foi acompanhada pelos Ministros Cármen Lúcia, Rosa Weber, Dias Toffoli e Edson Fachin, prevaleceu o entendimento de que a questão já havia sido regulamentada pela Resolução Conselho Nacional de Justiça (CNJ) nº 366 de 20 de janeiro de 2021, que prevê que os juízes devem definir, de forma fundamentada, o local de prisão dessas pessoas, após questionarem em qual estabelecimento preferem ser detidas e, ainda, se preferem detenção no convívio geral ou em alas específicas, frisando que

> *a alocação da pessoa autodeclarada parte da população LGBTI em estabelecimento prisional, determinada pela autoridade judicial após escuta à pessoa interessada, não poderá resultar na perda de quaisquer direitos relacionados à execução penal em relação às demais pessoas custodiadas no mesmo estabelecimento.*

O voto divergente foi proferido pelo então Ministro Ricardo Lewandowski, que entendeu ter a Resolução regulamentado totalmente a questão, alterando o panorama descrito na ação, e foi acompanhado pelos ministros Luiz Fux, Alexandre de Moraes, Nunes Marques, Gilmar Mendes e André Mendonça. Após o não conhecimento da ação, a liminar anteriormente dada perdeu eficácia.[2]

2 STF. Decisão: O Tribunal, por maioria, não conheceu da arguição de descumprimento de preceito fundamental, em vista da alteração substancial

Essa questão voltou ao STF na primeira sessão de julgamento de 2024, quando a Sexta Turma do Superior Tribunal de Justiça (STJ) concedeu habeas corpus para garantir a uma mulher transgênero o direito de permanecer em prisão domiciliar. O benefício havia sido revogado em primeiro grau, com a determinação de que ela se apresentasse a um presídio de Criciúma (SC) destinado apenas a presos masculinos. Ela cumpria pena em regime domiciliar em Criciúma, mas o juízo da execução penal de Florianópolis determinou que ela escolhesse entre retornar à capital – condição para manter a prisão domiciliar – ou permanecer em Criciúma, caso em que deveria se apresentar voluntariamente ao presídio masculino.

No habeas corpus, a Defensoria Pública de Santa Catarina alegou que a determinação de recolhimento da mulher trans no presídio de Criciúma seria absolutamente ilegal, porque o local não teria celas separadas para pessoas transgênero e não ofereceria espaços de convivência específicos para indivíduos deste grupo.

Para o relator do habeas corpus, o caso reflete a situação prisional de várias pessoas no Brasil, que, por ter uma sociedade estruturalmente "racista, misógina, homofóbica e transfóbica", possui um sistema carcerário "violento e segregacionista".

do panorama normativa descrito na inicial, nos termos do voto do Ministro Ricardo Lewandowski, vencidos os Ministros Roberto Barroso (Relator), Cármen Lúcia, Dias Toffoli, Rosa Weber (Presidente) e Edson Fachin. Redigirá o acórdão o Ministro Luiz Fux (art. 38, IV, b, do RI/STF). Não votou o Ministro Cristiano Zanin, sucessor do Ministro Ricardo Lewandowski. Plenário, Sessão Virtual de 4.8.2023 a 14.8.2023.

Para ele, em um primeiro momento, a concessão da prisão domiciliar havia se baseado no argumento de que o presídio de Criciúma não tinha condições adequadas para receber a mulher trans; posteriormente, contudo, o juízo da execução penal revogou o benefício, mas não esclareceu de que forma a prisão passou a estar preparada para abrigá-la.

"Não parece crível que a unidade prisional que foi considerada inapta (de acordo com a primeira decisão) para receber pessoas LGBTQIA+, passado menos de dois meses, já esteja apta a recebê-las, o que, supostamente, justificaria a revogação do cumprimento da pena em regime domiciliar", completou.

Para o relator, nos termos da Resolução nº 348/2020 do Conselho Nacional de Justiça (CNJ), a definição do local de cumprimento da pena da pessoa transgênero não é um exercício discricionário da Justiça, mas sim uma análise que tem por objetivo resguardar a liberdade sexual e de gênero, a vida e a integridade física desses indivíduos, sendo dever do Judiciário indagar à pessoa autodeclarada parte da população transexual acerca da preferência pela custódia em unidade feminina, masculina ou específica, se houver, e, na unidade escolhida, preferência pela detenção no convívio geral ou em alas ou celas específicas, concluiu o magistrado, mantendo a prisão domiciliar.[3]

3 STJ - HC: 861817 SC 2023/0375894-7, Relator: Ministro JESUÍNO RISSATO DESEMBARGADOR CONVOCADO DO TJDFT, Data de Julgamento: 06/02/2024, T6 - SEXTA TURMA, Data de Publicação: DJe 15/02/2024).

Detentos homossexuais têm direito a visitas íntimas, assegurado pela Resolução nº 23 do CNPCP, que não diferencia casais homoafetivos e heteroafetivos.

ATENDIMENTO A PESSOAS TRANS PELO SUS

O Supremo Tribunal Federal (STF) julgou em junho de 2024, a Arguição de Descumprimento de Preceito Fundamental (ADPF) 787, proposta pelo Partido dos Trabalhadores (PT). A ação visava permitir o acesso desburocratizado da população trans a consultas médicas especializadas, principalmente nos casos em que a pessoa ainda não tenha feito o procedimento de transgenitalização (cirurgia para troca de gênero).

Na ação foi citado que um homem trans que ainda possuía os órgãos sexuais femininos não havia conseguido agendar uma consulta com um ginecologista. No ano de 2021, o ministro Gilmar Mendes, relator da ação, havia dado a liminar para determinar que o SUS realizasse a adaptação e atualização dos procedimentos para o atendimento médico e no julgamento do mérito determinou que o Ministério da Saúde altere todos os seus sistemas, de forma a garantir marcações de consultas e exames pelo Sistema Único de Saúde (SUS) de todas as especialidades médicas, "independentemente do registro do sexo biológico", garantindo, assim, o pleno acesso a atendimentos médicos pela população trans. Trata-se, segundo ele, de questão de saúde pública, devendo "ser permitido o acesso das políticas públicas sem a imposição de barreiras burocráticas, que, além de comprometer sua própria efetividade, são aptas a causar constrangimento, discriminação e sofrimento à pessoa trans".

5. DIREITO À VISITA ÍNTIMA PARA CASAIS HOMOAFETIVOS

Os detentos homossexuais têm os mesmos direitos a visitas íntimas nos presídios que os detentos heterossexuais.

O Conselho Nacional dos Direitos das Pessoas LGBTQIA+ e o Conselho Nacional de Política Criminal e Penitenciária aprovaram mudanças para a população LGBTQIAPN+ e as detentas e detentos vão poder usar o nome social e terão direitos básicos como trabalho, educação e assistência religiosa garantidos, por meio da autodeclaração, ou seja, não é necessário apresentar documentos ou realização de cirurgia de redesignação sexual que comprove a sexualidade ou a identidade de gênero.

Pessoas transexuais e travestis podem escolher pela ala masculina ou feminina do presídio. Isso poderá acontecer em qualquer momento do processo legal e o detento tem o direito de mudar de ideia. A escolha da pessoa constará na decisão do juiz ou na sentença.

Em situações específicas, como quando os lugares reservados para pessoas LGBTQIA+ estiverem cheios ou durante rebeliões, essas pessoas podem ser temporariamente realojadas, desde que a segurança e seus direitos estejam garantidos.

A resolução ainda garante que pessoas LGBTQIA+ presas têm o direito à visita íntima nos mesmos moldes concedido.

aos detentos cisgêneros e heterossexuais. As mudanças foram pensadas em cima de princípios constitucionais e tratados internacionais de direitos humanos. A norma não diferencia casais homoafetivos e heteroafetivos para o efeito de conceder o direito à visitação, disciplinando que a administração prisional exigirá, para a concessão da visita conjugal, o prévio cadastro da pessoa autorizada a realizar as visitas, assim como a demonstração documental de casamento ou união estável, não se admitindo a concomitância ou pluralidade de cadastros de pessoas autorizadas à visita conjugal da pessoa privada de liberdade.

A Resolução nº 348, de 2020, do Conselho Nacional de Justiça (CNJ), alterada pela Resolução nº 366 de 20/01/2021 que estabelece diretrizes e procedimentos a serem observados pelo Poder Judiciário, no âmbito criminal, com relação ao tratamento da população LGBTQIAPN+, que esteja custodiada, acusada, ré, condenada, privada de liberdade, em cumprimento de alternativas penais ou monitorada eletronicamente. Assegura que a visita social dever ser realizada em espaço apropriado, respeitando a integridade e privacidade, devendo-se evitar que as visitas sejam realizadas nos pavilhões ou celas. A ausência de discriminação de visitas de pessoas pertencentes à população LGBTI, considerando as relações socioafetivas declaradas, não limitadas às oficialmente declaradas e incluindo amigos, a garante o exercício do direito à visita íntima em igualdade de condições, nos termos da Portaria nº 1.190/2008, do Ministério da Justiça, e da Resolução nº 4/2011, do Conselho Nacional de Política Criminal e Penitenciária, inclusive em relação aos cônjuges ou companheiros que estejam custodiados no mesmo estabelecimento prisional.

6. DOAÇÃO DE SANGUE POR PESSOAS HOMOAFETIVAS

Por maioria de votos (7 a 4), o plenário do STF considerou inconstitucionais as normas do Ministério da Saúde e da Agência Nacional de Vigilância Sanitária (Anvisa) que excluíam do rol de habilitados para doação de sangue "homens que tiveram relações sexuais com outros homens ou as parceiras sexuais destes nos 12 meses antecedentes".

O relator, ministro Edson Fachin, votou no sentido de julgar procedente a ADI 5.543,[1] ajuizada pelo Partido Socialista Brasileiro (PSB), declarando inconstitucionais os dispositivos da Portaria nº 158/2016 do Ministério da Saúde e da Resolução RDC nº 34/2014 da Anvisa.

Essas normas relacionavam a proibição a critérios que consideravam o perfil de homens homossexuais com vida sexual ativa à possibilidade de contágio por infecções sexualmente transmissíveis (IST).

Na ação, o PSB argumentou que tal restrição a um grupo específico configura preconceito, alegando que o risco em

1 STF. ADI 5.543 DF. Ação Direta de Inconstitucionalidade. Direito Constitucional. Art. 64, IV, da Portaria n. 158/2016 do Ministério da Saúde e art. 25, XXX, d, da Resolução da Diretoria Colegiada – RDC n. 34/2014 da ANVISA. Restrição de doação de sangue a grupos e não condutas de risco. Discriminação por orientação sexual. Inconstitucionalidade. Ação Direta julgada procedente. Relator: Edson Fachin. Data de Julgamento: 11/5/2020. Tribunal Pleno. Data de Publicação: 26/8/2020.

contrair IST advém de comportamento sexual, e não da orientação sexual, de alguém disposto a doar sangue.

O tema foi discutido na Ação Direta de Inconstitucionalidade (ADI) 5543, ajuizada em 2016, mas só começou a ser julgado em 2017, sendo interrompido por pedido de vista do ministro Gilmar Mendes.

Com a chegada da pandemia e as campanhas realizadas pelos hemocentros de todo país para o incremento da doação de sangue, o assunto voltou ao debate e a Defensoria Pública da União (DPU) se posicionou pela urgência do julgamento diante da covid-19, que reduziu o ritmo de doações e resultou na queda dos estoques de sangue no país.

Antes do pedido de vistas de Gilmar Mendes, ainda em 2017, o ministro Edson Fachin, relator da ação, votou pela inconstitucionalidade das normas que excluem do rol de doadores, as pessoas homoafetivas, por considerar que elas impõem tratamento diferenciado, sem justificativa plausível: "Não se pode tratar os homens que fazem sexo com outros homens e/ou suas parceiras como sujeitos perigosos, inferiores, restringido deles a possibilidade de serem como são, de serem solidários, de participarem de sua comunidade política. Não se pode deixar de reconhecê-los como membros e partícipes de sua própria comunidade. Isso é tratar tais pessoas como pouco confiáveis para ação das mais nobres: doar sangue", argumentou.

Esse voto contundente, foi acompanhado pelos ministros Luís Roberto Barroso, Rosa Weber e Luiz Fux. No plenário virtual, ao devolver o caso para julgamento, Gilmar Mendes, Cármen Lúcia e Dias Toffoli acompanharam o relator.

"A anulação de impedimentos inconstitucionais tem o potencial de salvar vidas, sobretudo numa época em que as doações de sangue caíram e os hospitais enfrentam escassez crítica, à medida que as pessoas ficam em casa e as pulsações são canceladas por causa da pandemia de coronavírus", disse Gilmar Mendes, que também destacou outros julgamentos recentes do STF, como a criminalização da homofobia e da transfobia, o uso do nome social por parte de pessoas transexuais e o reconhecimento do casamento homoafetivo, lembrando que foi preciso que "a Corte interviesse para garantir direitos básicos que qualquer um de nós pode exercer sem óbices".

O ministro Alexandre de Moraes foi o primeiro voto divergente. Ele votou pela procedência parcial da ação, sendo favorável à doação de sangue por parte de homens gays e bissexuais, desde que o sangue colhido seja utilizado apenas após o teste imunológico, realizado depois da janela sorológica determinadas pelas autoridades sanitárias. Ele foi acompanhado pelos ministros Marco Aurélio, Ricardo Lewandowski e Celso de Mello. Os dois últimos consideraram que o STF "deve adotar uma postura autocontida diante de determinações das autoridades sanitárias quando estas forem embasadas em dados técnicos e científicos devidamente demonstrados"[2]

2 Em decisão histórica, STF derruba restrição de doação de sangue por homossexuais | Atualidade | EL PAÍS Brasil (elpais.com). In: https://brasil.elpais.com/brasil/2020-05-08/em-decisao-historica-stf-derruba-restricao-de-doacao-de-sangue-por-homossexuais.html. Acesso em: 26 jun. 2024.

7. EXTENSÃO DA LICENÇA-MATERNIDADE À MÃE NÃO GESTANTE EM UNIÕES HOMOAFETIVAS

Chegou ao STF, por meio do RE nº 1.211.446, ação de uma servidora municipal de São Bernardo do Campo que requereu a licença-maternidade de 180 dias, depois que sua companheira engravidou por meio de inseminação artificial. O pedido foi negado sob o entendimento de que a legislação não autoriza a concessão desse direito, o que a levou a acionar a Justiça, sob a alegação de que a criança integra uma família composta por duas mães e, na impossibilidade de a mãe que gestou o bebê ficar em casa, pois é autônoma e precisa trabalhar, a segunda tem direito à garantia constitucional de licença-maternidade.

O pedido foi julgado procedente pelo juízo de primeiro grau, e a sentença foi mantida pela Turma Recursal do Juizado Especial da Fazenda Pública do Tribunal de Justiça de São Paulo (TJSP). O município recorreu com o argumento de que não há previsão legal que autorize o afastamento remunerado a título de licença-maternidade. Realizado o julgamento, decidiu-se, em 13/3/2024, que "A mãe servidora ou trabalhadora não gestante em união homoafetiva tem direito ao gozo de licença-maternidade. Caso a companheira tenha utilizado o benefício, fará jus à licença pelo período equivalente ao da licença-paternidade".

O STJ decidiu que a Lei Maria da Penha também se aplica a mulheres transgênero vítimas de violência doméstica, garantindo-lhes proteção legal.

Também no que se refere à licença-maternidade, o Conselho Nacional de Justiça (CNJ) publicou a Resolução nº 556/2024, garantindo aos magistrados e servidores do Poder Judiciário que são genitores monoparentais[1] ou casais em união homoafetiva de usufruírem licença maternidade e paternidade por tempo suficiente ao desenvolvimento da criança. Ela considerou o princípio constitucional da proteção à maternidade, à gestante, à família e à infância; e a igualdade em direitos e obrigações entre homens e mulheres para alterar a Resolução CNJ nº 321/2020 e estender a licença-maternidade ao pai ou mãe em casos de inseminação artificial, fertilização in vitro e/ou barriga solidária, desde que a pessoa grávida não faça parte do núcleo familiar, garantindo, também, a licença-paternidade para o outro genitor em casais homoafetivos.

Já a segunda alteração, que se refere à Resolução nº 343/2020, estabelece condições especiais de trabalho para gestantes, lactantes até os 24 meses do lactente, mães e pais após o término das licenças-maternidade ou paternidade. Essas condições também se aplicam aos genitores monoparentais e casais homoafetivos que usufruam destas licenças.

Conforme já mencionado, a resolução também protege os genitores monoparentais que recorrem a técnicas de inseminação artificial, fertilização in vitro e/ou barriga solidária ou de aluguel. Para esses casos, a licença é assegurada ao pai ou mãe, garantindo tratamento igual ao conferido aos casais heterossexuais.

1 "*Genitor monoparental*" é aquele que exerce sozinho a função parental em relação a um ou mais filhos.

8. CRIMINALIZAÇÃO DA HOMOFOBIA E DA TRANSFOBIA

Foi impetrada a ADO 26 pela ABGLT em face do Congresso Nacional a fim de

> *obter a criminalização específica de todas as formas de homofobia e transfobia, especialmente (mas não exclusivamente) das ofensas (individuais e coletivas), dos homicídios, das agressões, ameaças e discriminações motivadas pela orientação sexual e/ou identidade de gênero.*

A ABGLT frisou ser necessária a criminalização específica,

> *porque o atual quadro de violência e discriminação contra a população LGBT tem tornado inviável o exercício dos direitos fundamentais à livre orientação sexual e à livre identidade de gênero das pessoas LGBT em razão do alto grau de violência e discriminação contra elas perpetradas na atualidade.*

A ABGLT também sustentou haver obrigação constitucional de legislar para criminalizar a homofobia e a transfobia porque, em seu entender, "a homofobia e a transfobia constituem espécies do gênero racismo" e elas se enquadrariam no conceito de "discriminações atentatórias a direitos e liberdades fundamentais", consoante o disposto no art. 5º, XLI, da Constituição. Alegou que a equiparação ao racismo é também devida para não se hierarquizar opressões, o que afrontaria o direito à igual proteção penal.

A associação alegou que, diante da obrigação constitucional de legislar e não verificando a elaboração de nenhuma norma com esse conteúdo por parte do Congresso, haveria uma demora inconstitucional. Por isso, pugnou para que o STF fixasse prazo razoável, sugerindo o de 1 ano, para a elaboração da legislação e, caso fosse ultrapassado o prazo ou o STF entendesse desnecessária sua fixação, requereu que fosse dada concretude ao texto constitucional para criminalizar condutas homofóbicas e transfóbicas, para incluir

> *a criminalização específica de todas as formas de homofobia e transfobia, especialmente (mas não exclusivamente), das ofensas (individuais e coletivas), dos homicídios, das agressões, ameaças e discriminações motivadas pela orientação sexual e/ou identidade de gênero, real ou suposta, da vítima na Lei de Racismo (Lei nº 7.716/1989), determinando-se a aplicação da referida lei (e outra que eventualmente a substitua) para punir tais atos até que o Congresso Nacional se digne a criminalizar tais condutas.*

A impetrante requereu, por fim, o reconhecimento da responsabilidade civil do Estado brasileiro de "indenizar as pessoas vítimas de todas as formas de homofobia e transfobia, enquanto tais condutas não forem criminalizadas de forma eficiente".

O STF reconheceu parcialmente a ação e julgou procedente o pedido para afirmar a inconstitucionalidade por omissão e determinar que, até que sobrevenha norma a respeito, se aplique às condutas homotransfóbicas a Lei nº 7.716/1989, que tipifica os crimes resultantes de discriminação ou preconceito de raça, cor, etnia, religião ou procedência nacional.[1]

Mais recentemente, em 22 de agosto de 2023, o STF, por 9 votos a 1, no julgamento do MI 4.733, permitiu que se reconheça os atos de homofobia e transfobia como crime de injúria racial. A ação, proposta pela ABGLT, argumentou que essa equiparação se fazia necessária para resguardar, não apenas a coletividade, mas a própria pessoa LGBTQIAPN+, já que a diferença básica entre racismo e injúria racial é que, no primeiro, punem-se as ofensas discriminatórias contra um grupo ou coletividade, enquanto na segunda, é punido quem ofende a dignidade de outra pessoa, utilizando elementos referentes a raça, cor, etnia ou procedência nacional.

1 STF. Direito das pessoas LGBTQQIAP+ [recurso eletrônico] / Supremo Tribunal Federal. – Brasília: STF: CNJ, 2022. eBook (138 p.). Disponível em: https://www.cnj.jus.br/wp-content/uploads/2022/12/cadernos-stf-lgbtqia-3.pdf. Acesso em: 16 ago. 2023.

A ABGLT alegou que muitos juízes vinham considerando que a ofensa racial homotransfóbica proferida contra grupos LGBTQIAPN+ configura racismo, mas que a ofensa dirigida ao indivíduo pertencente àquele grupo vulnerável não configuraria o crime de injúria racial. Portanto, vindo o STF a equiparar essas ofensas individuais ao crime de injúria racial, espera-se punição mais severa em relação às outras penas previstas em crimes contra a honra, como injúria, calúnia e difamação.

Os crimes de racismo e injúria racial já foram igualados por entendimento do STF[2] e pela Lei nº 14.532, de 11 de

2 HABEAS CORPUS. MATÉRIA CRIMINAL. INJÚRIA RACIAL (ART. 140, § 3º, DO CÓDIGO PENAL). ESPÉCIE DO GÊNERO RACISMO. IMPRESCRITIBILIDADE. DENEGAÇÃO DA ORDEM. 1. Depreende-se das normas do texto constitucional, de compromissos internacionais e de julgados do Supremo Tribunal Federal o reconhecimento objetivo do racismo estrutural como dado da realidade brasileira ainda a ser superado por meio da soma de esforços do Poder Público e de todo o conjunto da sociedade. 2. O crime de injúria racial reúne todos os elementos necessários à sua caracterização como uma das espécies de racismo, seja diante da definição constante do voto condutor do julgamento do HC 82.424/RS, seja diante do conceito de discriminação racial previsto na Convenção Internacional Sobre a Eliminação de Todas as Formas de Discriminação Racial. 3. A simples distinção topológica entre os crimes previstos na Lei 7.716/1989 e o art. 140, § 3º, do Código Penal não tem o condão de fazer deste uma conduta delituosa diversa do racismo, até porque o rol previsto na legislação extravagante não é exaustivo. 4. Por ser espécie do gênero racismo, o crime de injúria racial é imprescritível. 5. Ordem de habeas corpus denegada. (STF – HC: 154.248 DF 0067385-46.2018.1.00.0000, Relator: Edson Fachin, Data de Julgamento: 28/10/2021, Tribunal Pleno, Data de Publicação: 23/2/2022).

janeiro de 2023,[3] portanto, a injúria racial é inafiançável e imprescritível, com prisão de dois a cinco anos, que pode ser dobrada se o crime for cometido por duas ou mais pessoas.

Proteção da Lei Maria da Penha para mulheres trans

Em 2022, o STJ fixou entendimento de que a Lei Maria da Penha (Lei nº 11.340/2006) também deve ser aplicada aos casos de violência doméstica ou familiar sofridas por mulheres transgênero. O ministro Rogerio Schietti Cruz, relator do caso, entendeu que, tendo em vista que a vítima era mulher, independentemente do seu sexo biológico, e que a violência aconteceu em ambiente familiar, quando o pai agrediu a filha transgênero, ao caso deveria incidir a legislação especial.[4]

3 BRASIL. Congresso Nacional. Lei nº 14.532, de 11 de janeiro de 2023. Altera a Lei nº 7.716, de 5 de janeiro de 1989 (Lei do Crime Racial), e o Decreto-Lei nº 2.848, de 7 de dezembro de 1940 (Código Penal), para tipificar como crime de racismo a injúria racial, prever pena de suspensão de direito em caso de racismo praticado no contexto de atividade esportiva ou artística e prever pena para o racismo religioso e recreativo e para o praticado por funcionário público. Disponível em: https://www.planalto.gov.br/ccivil_03/_ato2023-2026/2023/lei/l14532.htm. Acesso em: 22 abr. 2024.

4 Na Câmara dos Deputados, desde 2014, tramita o PL 8.032, que está aguardando a designação de Relator(a) na Comissão de Direitos Humanos, Minorias e Igualdade Racial (CDHMIR).A proposta amplia a proteção de que trata a Lei 11.340, de 7 de agosto de 2006 – Lei Maria da Penha – às pessoas transexuais e transgêneros. Segue o texto do Projeto de Lei: O Congresso Nacional decreta: Art. 1º Esta lei amplia a proteção de que trata a Lei 11.340, de 7 de agosto de 2006 – Lei Maria da Penha – às pessoas transexuais e transgêneros. Art. 2º O parágrafo único, do art. 5º da Lei 11.340, de 7 de agosto de 2006 –

O relator frisou que o elemento que determina a abrangência da Lei Maria da Penha é o gênero feminino, o qual nem sempre coincide com o sexo biológico. Além disso, considerou que a lei visa a prevenção, a punição e a erradicação da violência doméstica e familiar que se pratica contra a mulher por causa do gênero, e não em virtude do sexo.

Após essa decisão, as delegacias de polícia passaram a adotar atendimento especializado às vítimas trans. A Polícia Civil de Minas Gerais, por exemplo, publicou a Resolução nº 8.225, estabelecendo que mulheres trans e travestis, vítimas de violência doméstica ou familiar baseada no gênero, fossem atendidas em delegacia especializada, independentemente de mudança do nome no registro civil ou da realização de cirurgia de redesignação sexual.

Por sua vez, a Polícia Civil de São Paulo editou a Portaria DGP nº 08/2022, que dispõe sobre o tratamento específico a travestis e transexuais nas delegacias do estado, garantindo, entre outros direitos, o respeito ao nome social, que deve ser observado por todos os servidores.

Por fim, o Tribunal de Justiça do Distrito Federal e Territórios (TJDFT)[5] decidiu que homem transgênero, vítima de

Lei Maria da Penha – passa a vigorar com a seguinte redação: "Art. 5º Parágrafo único. As relações pessoais enunciadas neste artigo independem de orientação sexual e se aplicam às pessoas transexuais e transgêneros que se identifiquem como mulheres." Art. 3º Esta lei entra em vigor na data de sua publicação.

5 Processo em segredo de justiça.

violência doméstica praticada pelo padrasto, também tem direito a medidas protetivas de urgência previstas na Lei Maria da Penha (nº 11.340/2006).

Nesse processo, alegou-se que o padrasto fechou a porta de um quarto sobre a mão direita da vítima, além de dar-lhe uma cotovelada nas costelas, o que causou "dor e inflamação". O homem transgênero acrescentou que viu a própria mãe assumir o lado do padrasto e não o ajudar. A vítima também relatou que o padrasto o xingou de "baleia assassina" e "veado", além de lhe enviar fotos de uma arma.[6]

Na decisão de primeira instância, o juiz esclareceu que os tribunais têm ampliado a aplicação da Lei Maria da Penha para agregar mulheres transgênero, mesmo sem alteração nos registros civis, e essa ampliação considera, entre outros motivos, a dupla vulnerabilidade e o preconceito contra corpos estranhos na visão heteronormativa, espécies de violências de gênero também sofridas por homens transgêneros. O juiz pontuou:

> *Um homem transgênero (uma pessoa que foi designada como do sexo feminino no nascimento, mas que se identifica como do gênero masculino), pode ser lido e tratado socialmente e no âmbito*

6 TEIXEIRA, I. Homem trans tem direito a medidas protetivas da Lei Maria da Penha, confirma juiz. 15 ago. 2023. *Metrópoles*. Disponível em: https://www.metropoles.com/colunas/grande-angular/homem-trans-tem-direito-a-medidas-protetivas-da-lei-maria-da-penha. Acesso em: 24 ago. 2023.

> *familiar e doméstico como mulher e, por isso, sofre violências baseadas em gênero feminino – mesmo que sua performance de gênero seja predominantemente masculina.*

De acordo com o magistrado, o critério da autodeclaração para aplicabilidade da lei pode gerar exclusões.

> *O critério restrito de autodeclaração (mulher) exclui pessoas que sofrem das mesmas violências e opressões baseadas no tratamento que a sociedade patriarcal reserva a pessoas designadas como do sexo feminino no nascimento e cujas identidades transgridem a determinação social de gênero, de forma que a estrutura social patriarcal permanece intacta.*

Para o juiz, a interpretação que atribui maior eficácia à norma constitucional ao se aplicar a Lei nº 11.340/2006 é aquela que toma como base a presença ou não da violência doméstica e familiar baseada no gênero feminino, seja por autodeclaração de gênero (mulher) da vítima, seja por constatação de que, por ter sido designada como do sexo feminino no nascimento, a pessoa está sujeita à violência de gênero socialmente praticada contra pessoas do gênero feminino.

Com base nesse entendimento, chancelado pelo TJDFT, foram expedidas medidas de afastamento do lar e proibição de frequentar a mesma igreja, nos dias e horários em que o autor frequenta.

Decisão semelhante foi dada a um homem transgênero que alegou ter sido vítima de violência doméstica por parte de um irmão, obtendo medida protetiva baseada na Lei Maria da Penha. A decisão foi proferida pelo juiz de direito dr. Nilberto Cavalcanti de Souza Neto, da 2ª vara de Assu/RN, que considerou ser necessária a medida para proteger a vítima do microssistema de agressão em que estava inserido.

Conforme informou a advogada do caso, em julho de 2023, dois irmãos – uma mulher cisgênero lésbica e um homem transgênero – se dirigiram à Delegacia Especializada no Atendimento à Mulher (DEAM) de Assu e informaram terem sido vítimas de violência doméstica por parte do irmão de ambos. As vítimas requereram medidas protetivas de urgência. Inicialmente, o juiz indeferiu o pedido para o homem transgênero, sob o argumento de que as medidas protetivas não previam aplicação a esse gênero.

A defesa recorreu, e o juiz novamente se manifestou, acolhendo o pedido, citando Judith Butler, dados da Associação Nacional de Travestis e Transexuais, a Constituição Federal e os precedentes do STF e do STJ. O juiz reconheceu o "microssistema de vulnerabilidade que homens trans passam, causada pela transfobia e violência de gênero", por isso reconsiderou sua decisão para deferir "a medida protetiva indeferida anteriormente", proibindo o suposto agressor de se aproximar dos ofendidos até o limite mínimo de 100 metros, de ter contato com eles por qualquer meio de comunicação, bem como de frequentar a residência dos irmãos.[7]

Indenização por danos morais em razão da LGBTQIAPN+fobia

A indenização por danos morais, em tese, deve ocorrer sempre que houver violação ao direito de intimidade, honra, imagem, nome, dignidade etc. Cabe ao Judiciário analisar, caso a caso, se a conduta da pessoa, de forma culposa (sem intenção) ou dolosa (com intenção), causou prejuízo moral a alguém, provocando dor ou sofrimento psíquico que ultrapasse o mero aborrecimento da vida cotidiana a que todas as pessoas estão sujeitas.

No processo 1018803-31.2021.8.26.0114, cuja sentença foi proferida pela juíza Thais Migliorança Munhoz Poeta, da 1ª vara do Juizado Especial Cível de Campinas/SP, em 10 de agosto de 2021, dois homens moveram uma ação contra a empresa Claro S/A, alegando que, ao se dirigirem ao estabelecimento físico, tiveram o atendimento em conjunto negado em razão de procedimentos de segurança relacionados à covid-19, apesar de haver na mesma loja casais heterossexuais a quem não foi feita a mesma exigência. Ao reclamarem da

7 REDAÇÃO MIGALHAS. Lei Maria da Penha: Homem trans consegue medida protetiva contra irmão. 1 set. 2023. *Migalhas*. Disponível em: https://www.migalhas.com.br/quentes/392934/lei-maria-da-penha-homem-trans-consegue-medida-protetiva-contra-irmao. Acesso em: 09 set. 2023.

situação, os funcionários da empresa chamaram a segurança do shopping, que os retirou da loja.

O casal propôs uma ação indenizatória pedindo a condenação da empresa de telefonia ao pagamento da quantia de R$20 mil pelos danos morais sofridos. A juíza julgou procedente a ação, entendendo que houve tratamento diferenciado ao casal, o que se comprovou, inclusive, pelas fotografias anexadas ao processo, condenando a empresa Claro S/A a pagar o valor de R$10 mil para cada autor, a título de danos morais.[8]

Em outro caso, um homem discriminado por seu chefe em razão de sua orientação sexual ganhou ação trabalhista. A decisão unânime da Segunda Turma do Tribunal Regional do Trabalho da 7ª Região (TRT-7) confirmou a sentença de primeira instância em que o trabalhador afirmou que sofria diversas situações vexatórias na presença de outras pessoas da empresa. Ele trabalhava em sistema de home office, em Fortaleza, mas, uma vez por mês, durante quatro ou cinco dias, o gerente regional vinha de Salvador para reuniões presenciais em Fortaleza, onde o trabalhador morava. Eram nessas ocasiões que aconteciam as ofensas, segundo os depoimentos das testemunhas, que confirmaram as várias situações que presenciaram contra o empregado – a maioria de cunho homofóbico. Em uma ocasião, narrou uma testemunha, o superior disse na presença de muitos que "chegou o viado". "Às vezes

8 Reqte Willy Fábio Alves
Reqdo Claro S/A
Processo nº 1018803-31.2021.8.26.0114

as frases eram ditas em tom de brincadeira, às vezes, falando sério, mas sempre incomodavam o reclamante", afirmou. Em outra reunião, o chefe teria falado que, para gerir a empresa, era só "abrir as nádegas e levar vara".

Essas situações humilhantes eram habituais, segundo outra testemunha. "O reclamante ficava muito incomodado e humilhado", disse. Ela afirmou também que era constante o gerente regional iniciar a reunião com a expressão: "Esse viadinho está no bico do urubu. Você sabe indicar alguém para substituí-lo se ele não bater a meta esse mês?". Essas humilhações eram feitas na frente dos demais corretores, de acordo com a testemunha.

Para a juíza do trabalho da 9ª Vara do Trabalho de Fortaleza, ficou provado que o abuso de natureza psicológica sofrido pelo empregado decorreu de discriminação de viés homofóbico. Assim, ela sentenciou:

> *Por todo o exposto, tenho que as questões fáticas vivenciadas pelo autor, assentadas em assédio moral por parte de superior hierárquico, por discriminação em razão de sua orientação sexual, restaram comprovadas, atingindo sua honra objetiva e subjetiva, pelo que faz jus a reparação de danos morais.*

A empresa, por sua vez, negou as alegações do empregado, afirmando que sempre procurou manter ambiente de trabalho saudável, não concordando com a alegação de assédio moral. Após o ganho da causa pelo empregado, a empresa recorreu ao TRT-7, e o recurso foi analisado por sua Segunda Turma, que entendeu que as palavras de baixo calão, retratados pelas testemunhas,

> *são, sem sombra de dúvida, de cunho moral altamente depreciativo, constituindo atentados à dignidade do obreiro, pelo grau de ofensividade e execração moral, mormente por terem sido proferidos dentro do seu ambiente laboral, na presença de colegas de trabalho e clientes.*

Por fim, alertou o desembargador Francisco José Gomes da Silva, relator do caso, que o grupo social identificado pela sigla LGBTQIA+ segue sofrendo agressões na sociedade, nas ruas e nos locais de trabalho, sob diversas formas (física, moral, social, religiosa): "O Brasil e, em especial o estado do Ceará, são integrantes do triste ranking dos campeões mundiais de assassinatos motivados por homofobia", ressaltou.

Os demais integrantes da Segunda Turma seguiram o relator, confirmando a sentença que fixava a condenação e a indenização por danos morais no montante correspondente a 20 vezes o valor do último salário contratual do trabalhador, totalizando a quantia de R$95 mil.[9]

9 TST 00005557220205070009, Relator: Jose Roberto Freire Pimenta, Data de Publicação: 28/8/2023.

Em mais um caso, uma apelação julgada pelo Tribunal de Justiça de São Paulo, em 2022, tratava do pedido de indenização por danos morais movido por um casal de mulheres lésbicas que teria sofrido agressões físicas no interior de uma casa noturna, praticadas pelo profissional de segurança feminina, em razão de homofobia.

A casa noturna se defendeu alegando que não houve homofobia ou violência unilateral, mas o Tribunal entendeu que as autoras foram, de fato, agredidas e expulsas de casa noturna, o que viola o direito à dignidade e igualdade, fixando a indenização em R$3 mil para cada autora.[10]

Citamos, ainda, um julgado de 2023 que entendeu que numa promessa não cumprida de emprego, após passar por processo seletivo e exame admissional na firma, deveria haver a indenização, por ferir a tolerância de gênero, além dos princípios da lealdade e da boa-fé, condenando uma empresa de logística a pagar R$20 mil à trabalhadora transexual que teve expectativa de contratação frustrada.

Para a profissional, ela não foi convocada por discriminação decorrente de transfobia, pois os problemas ocorreram após a entrega da documentação com os nomes civil e social. Nos autos, ela conta que realizou o processo seletivo com mais duas amigas e que todas saíram de lá com a promessa

10 TJ-SP – AC: 10000976820198260114 SP 1000097-68.2019.8.26.0114, Relator: Edson Luiz de Queiróz, Data de Julgamento: 6/5/2022, 9ª Câmara de Direito Privado, Data de Publicação: 6/5/2022.

de contratação, sendo que as amigas começaram a trabalhar logo após apresentarem os documentos.

Na decisão proferida na 56ª Vara do Trabalho de São Paulo, a julgadora pontuou que se aplica ao caso a Resolução nº 492 do CNJ com a consequente adoção do Protocolo para Julgamento com Perspectiva de Gênero. Ela explica que, com isso, "concede-se à palavra da vítima elevado valor e transfere-se à reclamada a obrigação de comprovar a inexistência do ato de transfobia em relação à reclamante".

De acordo com o processo, a reclamada não apresentou provas que comprovassem suas alegações e "atos discriminatórios não expressos, mas sutis e sofisticados, banhados de caráter excludente, não mais podem ser desconsiderados pelo Poder Judiciário". Na decisão, foi determinado ainda que fosse retificado, com urgência, a denominação do polo ativo da ação para que constasse o nome social da trabalhadora.[11]

Foi registrado também o caso de uma empresa do setor de serviços financeiros condenada a pagar R$10 mil em danos morais para um empregado transexual, por ter desrespeitado sua identidade de gênero e seu pedido pelo uso do nome social no ambiente de trabalho. A decisão da 17ª turma do TRT-2 aumentou o valor da indenização, que havia sido arbitrada em R$6 mil pelo juízo de origem.[12]

11 O caso está pendente de análise de recurso.

12 "Promessa de emprego não cumprida por transfobia gera indenização". In: https://www.migalhas.com.br/quentes/389056/promessa-de-emprego-nao-cumprida-por-transfobia-gera-indenizacao. Acesso em: 24 ago. 2023.

O empregado sofreu ofensa quando um dos colegas conversava com uma cliente sobre uma venda realizada pela empresa. No diálogo, o agressor insistiu em usar o nome civil feminino em vez do nome social do profissional. Com o ato de transfobia, o empregado se viu em uma situação em que teve que esclarecer a confusão provocada pelo colega à cliente, que foi testemunha na ação.

Para a desembargadora-relatora Catarina von Zuben, "verifica-se que o autor foi constrangido pelo preposto por um comportamento fundado no critério injustamente desqualificante da identidade de gênero".

Além do episódio, colaborou para a condenação o fato de a empresa não ter se preocupado em retificar todos os documentos do trabalhador com seu nome social. Na carta de dispensa, por exemplo, ainda constava seu nome civil.[13]

Por fim, a Caixa Econômica Federal (CEF) foi condenada a indenizar em R$10 mil uma mulher transgênero que sofreu constrangimento por parte de funcionário da instituição. Ela tinha ido até a agência do banco para tratar de assuntos relativos à sua conta bancária e, ao se dirigir ao caixa, foi "ostensiva e propositalmente tratada pelo nome que consta em seu documento de identificação, mesmo advertindo preferir o uso do nome social".

13 "Empregado que não foi chamado pelo nome social será indenizado". In: https://www.migalhas.com.br/quentes/389056/promessa-de-emprego-nao-cumprida-por-transfobia-gera-indenizacao. Acesso em: 24 ago. 2023.

Em sua defesa, a CEF alegou que o empregado em atendimento só soube o nome da parte autora "após o escândalo realizado na agência", dizendo, ainda, que não prejudicou a autora da ação, portanto, agiu em regular exercício de direito: "A ré não desrespeitou, em momento algum, o Código de Defesa do Consumidor. Não faltou com seu dever de informação, tampouco causou qualquer prejuízo à parte autora".

O processo foi julgado pela Turma Recursal da Justiça Federal em Alagoas (JFAL), que entendeu que houve violação aos direitos da personalidade da mulher transgênero e que o banco deveria ter adotado medidas para garantir o respeito à sua identidade de gênero.[14] A decisão levou em conta o princípio da proporcionalidade, a ausência de culpa da autora, seu nível socioeconômico, o tempo em que a ré ficou inerte e sua capacidade econômica. Além disso, considerou que a indenização tem caráter pedagógico e preventivo, visando desestimular condutas discriminatórias e ofensivas à dignidade humana.

14 TRF-5 – RI: 00032270920224058000, Relator: Guilherme Masaiti Hirata Yendo, Data de Julgamento: 9/6/2023, 1ª Relatoria TR/AL.

9. ALISTAMENTO MILITAR OBRIGATÓRIO DAS PESSOAS TRANSGÊNERO

Após a decisão proferida pelo STF na ADI 4.275, que garantiu a alteração dos registros civis de sexo e prenome de pessoas travestis, mulheres transexuais e homens trans, a ABGLT oficiou a diversos ministérios, no ano de 2018, questionando como seriam tratadas as questões referentes às pessoas transgênero em relação ao alistamento militar. A resposta foi recebida do Ministério da Defesa, em conjunto com a Advocacia Geral da União (AGU), Consultoria Geral da União e Consultoria Jurídica junto do ministério, com as orientações gerais sobre o alistamento militar, informando que "qualquer brasileiro que tenha um documento que aponte 'sexo: masculino', precisa se apresentar às Forças Armadas".

> *Segundo as Forças Armadas, para regularizar a sua situação, basta que a pessoa se apresente à Junta Militar mais próxima de sua residência. O cidadão será encaminhado para alistamento ou registrado como reservista, como qualquer outro homem brasileiro, portanto, homens transexuais com menos de 45 anos devem se alistar nas Forças Armadas assim que obtiverem o novo registro*

> *civil refletindo a mudança de gênero e nome; já as mulheres transgênero e travestis que tenham alterado seus documentos antes dos 18 anos não precisam se apresentar para o serviço militar obrigatório, de acordo com o Ministério da Defesa. Se a alteração ocorrer após os 45 anos, não é obrigatório o alistamento e nem será chamado em caso de guerra. Porém, por ser do gênero masculino, poderá ser exigido documento comprovando que esteja em dia com suas obrigações para tirar o certificado de dispensa.*

No caso de travestis ou mulheres trans que fizeram a transição depois de se alistar, o registro militar é inutilizado quando os demais documentos são retificados, mas é preciso se dirigir a uma junta militar para solicitar a baixa do documento. Aquelas que alteram seus documentos antes dos 18 anos estão dispensadas do alistamento obrigatório.[1]

1 ABGLT lança guia de orientação sobre o alistamento militar para pessoas trans. In: https://antrabrasil.org/2018/11/14/abglt-lanca-guia-de-orientacao-sobre-o-alistamento-militar-para-pessoas-trans/. Acesso em: 3 set. 2023.

PERGUNTAS E RESPOSTAS

1) Existe lei assegurando a união estável homoafetiva e o casamento gay?

Não, não há lei específica garantindo o casamento gay nem a união estável homoafetiva, mas esses direitos foram assegurados pelo Judiciário brasileiro, mais especificamente pelo STF e pelo Conselho Nacional de Justiça (CNJ). A união civil entre pessoas do mesmo sexo foi declarada legal pelo STF em maio de 2011. Em 2013, o CNJ publicou a Resolução nº 175, proibindo as autoridades competentes de se recusarem a habilitar e celebrar casamento civil ou de converter união estável em casamento entre pessoas do mesmo sexo, que permitiu aos cartórios registrarem casamentos homoafetivos.

2) Quais são os princípios constitucionais que asseguram o direito à união estável homoafetiva?

Diversos princípios constitucionais garantem esse direito aos casais homoafetivos, como o princípio da igualdade, liberdade e dignidade. Segundo o ministro Luiz Fux, o conceito de família só tem validade se privilegiar a dignidade das pessoas que a compõem, e somente por força da intolerância e do preconceito se poderia negar esse direito a casais homossexuais. Para o ministro, a união homoafetiva é um fato da vida, uma realidade social. "Daremos a esse segmento mais do que um projeto de vida, um projeto de felicidade".

3) Quais são os requisitos para que seja reconhecida a união estável?

O Código Civil prevê no artigo 1.723 que, para ser considerado como união estável, é indispensável que o relacionamento afetivo seja público, contínuo, duradouro e com intenção de constituir família.

4) É indispensável que ambos morem juntos para que seja reconhecida a união estável?

Não. Conforme entendimento já solidificado pelo STF, que deu ensejo à edição da súmula 382, ainda em 1964, a vida em comum sob o mesmo teto não é indispensável à caracterização da união estável, sendo indispensável, tão somente, a existência de relação pública, contínua e duradoura, assim como a intenção inequívoca de constituir família, de ter uma vida comum, como se casados fossem.

5) Caso o Congresso Nacional venha a aprovar uma lei proibindo as uniões e casamentos homoafetivos, essa norma poderia vir a ser declarada inconstitucional pelo STF?

Sim. Desde que se mantenha o atual entendimento do STF e a mesma composição, os acordos e tratados internacionais de direitos humanos, a eventual lei tendente a proibir o casamento e/ou união estável homoafetiva seria declarada inconstitucional.

6) Existem propostas para que a união estável e o casamento homoafetivo virem lei?

Sim. Há, por exemplo, o PL nº 5.120/2013, apensado ao PL nº 580/2007 do então deputado Jean Wyllys (PSOL/RJ), que foi apresentado em 12 de março de 2013, para alterar os artigos 551, 1.514, 1.517, 1.535, 1.541, 1.565, 1.567, 1.598, 1.642, 1.723 e 1.727 do Código Civil, reconhecendo ao legalidade do casamento civil e a união estável entre pessoas do mesmo sexo.

7) Nos casamentos e uniões estáveis homoafetivas, os cônjuges e companheiros são considerados herdeiros necessários?

Sim. No Recurso Extraordinário nº 646.721, julgado pelo STF, que levou em consideração os princípios da dignidade da pessoa humana, da igualdade, da proporcionalidade e da vedação do retrocesso, assim como a não hierarquização entre entidades familiares, entendeu-se que se equiparam os regimes de herança entre cônjuges e companheiros de uniões estáveis homo e heteroafetivas.

8) É permitida a alteração de nome e sexo de pessoas transgênero no registro civil?

Sim. Após o julgamento da ADI 4.275, o STF reconheceu aos transgêneros, à luz dos direitos à dignidade, à honra e à liberdade, entre outros, o direito à substituição de prenome e sexo no registro civil, independentemente da cirurgia de transgenitalização ou da realização de tratamentos hormonais ou patologizantes. No RE nº 670.422, entendeu-se que tanto a alteração do nome, quanto do sexo no registro civil de pessoas transexuais poderá se dar mesmo sem intervenção cirúrgica, tendo o STF determinado que a averbação da informação se dê à margem do assento de nascimento, vedada a inclusão do termo "transexual".

9) A homofobia e a transfobia são crimes no Brasil?

Sim. No Mandado de Injunção nº 4.733, cujo objeto era a omissão do Congresso Nacional quanto ao seu dever de criminalização de condutas ofensivas, ameaçadoras diretas das pessoas LGBTQIAPN+, o STF reconheceu a demora do Congresso Nacional em editar lei sobre o tema e, por isso, determinou, com efeitos futuros, a aplicação do tipo penal de racismo à discriminação por orientação sexual e/ou identidade de gênero, até que o Congresso Nacional legisle. Mais recentemente, no ano de 2023, o STF permitiu que se equiparem atos de homofobia e transfobia ao crime de injúria racial.

10) Pessoas homoafetivas podem doar sangue?

Sim. Durante muitos anos esse direito não era assegurado às pessoas homoafetivas, mas essa questão foi levada ao STF, que, ao julgar a ADI 5.543, entendeu que as normas que proibiam a doação eram inconstitucionais, pois se constituíam em indevida discriminação por orientação sexual e por ofensa à dignidade humana e à igualdade.

11) É possível a inclusão do nome social no título de eleitor?

Sim. Em 2018, o TSE permitiu a inclusão do nome social no título de eleitor e, para isso, basta que as pessoas acessem o TítuloNet, preencham o requerimento com os documentos necessários e enviem para sua zona eleitoral. A apresentação de documento anterior em que conste o nome social é opcional, pois, para a Justiça Eleitoral, a autodeclaração do eleitor é suficiente.

12) É permitida a adoção por pessoas homoafetivas?

Sim. Apesar de casais e pessoas homoafetivas terem sido excluídos durante décadas dos processos de adoção, em 2011 o STF reconheceu a união estável entre casais do mesmo sexo como entidade familiar e, em decorrência desse julgamento, passaram a ser aplicados às pessoas e casais homoafetivos os mesmos direitos daqueles conferidos às pessoas heteroafetivas. Em 5 de março de 2015, a ministra Cármen Lúcia, em processo que tramitou em segredo de justiça, decidiu que casais homoafetivos também tivessem o direito de adotar crianças (RE nº 846.102).[1] O STJ também já tomou decisões favoráveis às pessoas homoafetivas em matéria de adoção, concluindo, no processo que tramitou em segredo de justiça, que um casal

1 STF. RE: 846.102 PR – PARANÁ, Relator: Min. Cármen Lúcia, Data de Julgamento: 5/3/2015, Data de Publicação: DJe-052 18/3/2015.

em união homoafetiva há 12 anos apresentou as condições necessárias para permanecer com a guarda de um bebê de dez meses até a finalização do processo regular de adoção.

13) A Lei Maria da Penha pode ser aplicada às mulheres transexuais?

Sim. A Sexta Turma do STJ decidiu, por unanimidade, que a Lei Maria da Penha (Lei nº 11.340, de 7 de agosto de 2006) se aplica às mulheres transexuais que sofram violência doméstica ou familiar, já que, para efeitos legais, mulher trans é mulher e, como tal, também está sujeita à violência de gênero, devendo, portanto, ser contemplada por essa lei.

14) Onde as presas transexuais e travestis com identidade de gênero feminino devem cumprir pena?

Em junho de 2019, o relator do recurso ministro Roberto Barroso determinou que mulheres transexuais fossem transferidas para presídios femininos. A decisão, contudo, não se estendia a travestis, porque o ministro entendeu que ainda não estava demonstrada qual a melhor providência a ser adotada em relação a esse grupo.

No ano de 2021, o relator ajustou sua decisão para que transexuais e travestis com identidade de gênero feminina pudessem optar por cumprir penas em estabelecimento prisional feminino ou masculino e, caso escolhesse o último, fossem mantidas em área reservada, como garantia de segurança.

Apesar dessa decisão, ao submeter o assunto aos outros ministros, a maioria decidiu que caberá aos magistrados, de forma fundamentada, decidir o local de prisão de pessoas transexuais e travestis, derrubando a decisão do ministro Barroso, por entender que o assunto já estava regulamentado pela Resolução nº 366 de 20 de janeiro de 2021.

15) Os homens transgênero têm direito à aplicação da Lei Maria da Penha em caso de violência doméstica?

Alguns tribunais já têm deferido a aplicação da lei a homens transgêneros. O argumento utilizado é o de que o homem transgênero pode ser visto no ambiente familiar e socialmente como mulher e, em razão disso, sofrer violências baseadas no gênero feminino.

16) Há direito à pensão por morte nos casamentos e uniões estáveis homoafetivas?

Sim. Os casais homoafetivos têm direito à pensão por morte, nos mesmos termos daqueles concedidos aos casais heteroafetivos, ou seja, quantias calculadas a partir de 50% do valor ao qual o falecido recebia como pensionista, acrescidos de 10% por cada dependente.

17) É possível que casais LGBTQIAPN+ peçam pensão alimentícia após o rompimento da união estável ou do casamento?

Sim. Considerando que o fundamento da existência das normas de direito de família consiste precisamente em gerar proteção jurídica ao núcleo familiar, parece despropositado concluir que a pensão alimentícia não pudesse alcançar os casais homoafetivos, relação também edificada na solidariedade familiar, com base no dever de cooperação, reciprocidade e assistência mútuos.

18) As pessoas homoafetivas têm direito à indenização quando são vítimas de preconceito?

Sim. A indenização por danos morais é devida sempre que haja violação do direito a intimidade, honra, imagem, nome, dignidade etc., devendo o Judiciário analisar, caso a caso, se a conduta da pessoa causou prejuízo moral, dor ou sofrimento psíquico, que ultrapasse o mero aborrecimento da vida.

19) Os detentos homossexuais têm o mesmo direito a visitas íntimas nos presídios do que os detentos heterossexuais?

Sim. A Resolução nº 4, do Conselho Nacional de Política Criminal e Penitenciária (CNPCP), do Ministério da Justiça dispunha que "o direito de visita íntima é, também, assegurado às pessoas presas casadas, em união estável ou em relação homoafetiva". Apesar de essa norma ter sido revogada pela Resolução nº 23, essa nova norma segue sem diferenciar casais homoafetivos e heteroafetivos, para o efeito de conceder o direito à visitação, assegurado especialmente em razão do princípio da igualdade, resguardado pela Constituição Federal.

20) O alistamento militar obrigatório se aplica às pessoas trans?

Qualquer brasileiro que tenha um documento que aponte "sexo: masculino" precisa se apresentar às Forças Armadas. Portanto, homens transexuais com menos de 45 anos devem se alistar nas Forças Armadas assim que obtiverem o novo registro civil refletindo a mudança de sexo e nome. Já as mulheres trans e travestis que tenham alterado seus documentos antes dos 18 anos não precisam se apresentar para o serviço militar obrigatório, de acordo com o Ministério da Defesa. *Se a alteração ocorrer após os 45 anos*, não é obrigatório o alistamento e nem será chamado em caso de guerra. Porém, por ser do gênero masculino, poderá ser exigido documento comprovando que esteja em dia com suas obrigações para tirar o certificado de dispensa.

No caso de travestis ou mulheres trans que fizeram a transição depois de se alistar, o registro militar é inutilizado quando os demais documentos são retificados, mas é preciso se dirigir a uma junta militar para solicitar a baixa do documento.

REFERÊNCIAS

BRASIL ESCOLA. Disponível em: https://www.brasilescola.com/. Acesso em: 22 abr. 2023.

BRITO, Débora. *Projetos sobre direitos LGBT caducam sem análise no Congresso*. Disponível em: https://www.jota.info/legislativo/projetos-sobre-direitos-lgbt-caducam-sem-analise-no-congresso-28062021. Acesso em: 19 jul. 2023.

CONTARINI, Gabriel Gomes. *Dez anos do julgamento conjunto da ADPF 132 e ADI 4277: Como anda a aplicação do direito à busca da felicidade no direito de família pelo STF*. Disponível em: https://ibdfam.org.br/artigos/1668/Dez+anos+do+julgamento+conjunto+da+ADPF+132+e+ADI+4277.+Como+anda+a+aplica%C3%A7%C3%A3o+do+direito+%C3%A0+busca+da+felicidade+no+direito+de+fam%C3%ADlia+pelo+STF%3F. Acesso em: 23 jul. 2023.

FIGUEIREDO, Eurídice Desfazendo o gênero: a teoria queer de Judith Butler. *Revista Criação & Crítica*, n. 20, p. 40, 20 abr. 2018.

MANUAL DE COMUNICAÇÃO LGBTIA+. In: https://aliancalgbti.org.br/wp-content/uploads/2022/01/manual-de-comunicacao-gaylatino-V-2021-WEB.pdf

NIGRI, Tânia. *Contrato de namoro*. São Paulo: Blucher, 2021.

NIGRI, Tânia. *Divórcio*. São Paulo: Blucher, 2022.

NIGRI, Tânia. *Herança*. São Paulo: Blucher, 2021.

NIGRI, Tânia. *Pensão alimentícia*. São Paulo: Blucher, 2023.

NIGRI, Tânia. *União estável*. São Paulo: Blucher, 2020.

ORIENTANDO – UM ESPAÇO DE APRENDIZAGEM. In: https://orientando.org/o-que-significa-lgbtqiap/

SUPERIOR TRIBUNAL DE JUSTIÇA. REsp 1.008. 398 SP 2007/0273360-5. Relator: Ministra Nancy Andrighi. Data de Julgamento: 15/10/2009. T3 – Terceira Turma. Data de Publicação: DJe 18/11/2009.

SUPERIOR TRIBUNAL DE JUSTIÇA. REsp 1.183. 378 RS 2010/0036663-8. Relator: Ministro Luiz Filipe Salomão. Data de Julgamento: 25/10/2011. T4 – Quarta Turma. Data de Publicação: DJe 1/2/2012.

SUPERIOR TRIBUNAL DE JUSTIÇA. REsp 1.263. 015 RN 2011/0143716-0. Relator: Ministra NANCY ANDRIGHI. Data de Julgamento: 19/6/2012. T3 – Terceira Turma. Data de Publicação: DJe 26/6/2012.

SUPERIOR TRIBUNAL DE JUSTIÇA. REsp 1.302.467 SP. Relator: Ministro Luis Felipe Salomão. Data de Julgamento: 3/3/2015. T4 – Quarta Turma. Data de Publicação: DJe 25/3/2015.

SUPERIOR TRIBUNAL DE JUSTIÇA. REsp 1.454. 643 RJ 2014/0067781-5. Relator: Ministro Marco Aurélio Bellizze. Data de Julgamento: 3/3/2015. T3 – Terceira Turma. Data de Publicação: DJe 10/3/2015.

SUPREMO TRIBUNAL FEDERAL. ADI 4.275 DF – DISTRITO FEDERAL 0005730-88.2009.1.00.0000. Relator: Min. MARCO AURÉLIO. Data de Julgamento: 1/3/2018. Tribunal Pleno. Data de Publicação: DJe-045 07-03-2019.

SUPREMO TRIBUNAL FEDERAL. ADI 5.543 DF. Relator: Edson Fachin. Data de Julgamento: 11/05/2020. Tribunal Pleno. Data de Publicação: 26/8/2020.

SUPREMO TRIBUNAL FEDERAL. ADI 7.051 DF. Relator: Roberto Barroso. Data de Julgamento: 14/2/2023. Data de Publicação: 15/2/2023.

SUPREMO TRIBUNAL FEDERAL. ADPF 527 DF. Plenário, Sessão Virtual de 4/8/2023 a 14/8/2023.

SUPREMO TRIBUNAL FEDERAL. ADPF 291 DF – DISTRITO FEDERAL 9991723-76.2013.1.00.0000. Relator: Min. ROBERTO BARROSO. Data de Julgamento: 28/10/2015. Tribunal Pleno. Data de Publicação: DJe-094 11-5-2016.

SUPREMO TRIBUNAL FEDERAL. *Cadernos de Jurisprudência do Supremo Tribunal Federal: Concretizando Direitos Humanos – Direito das Pessoas LGBTQIA+*. Brasília, DF: STF, 2023.

SUPREMO TRIBUNAL FEDERAL. HC 154.248 DF 0067385-46.2018.1.00.0000. Relator: Edson Fachin. Data de Julgamento: 28/10/2021. Tribunal Pleno. Data de Publicação: 23/2/2022.

SUPREMO TRIBUNAL FEDERAL. RE 646.721 RS. Relator: MARCO AURÉLIO. Data de Julgamento: 10/5/2017. Tribunal Pleno. Data de Publicação: 11/9/2017.

SUPREMO TRIBUNAL FEDERAL. RE 846.102 PR. Relator: Min. CÁRMEN LÚCIA. Data de Julgamento: 5/3/2015. Data de Publicação: DJe-052 18/03/2015.

TRIBUNAL DE JUSTIÇA DE SÃO PAULO. AC 10000976820198260114 SP 1000097-68.2019.8.26.0114. Relator: Edson Luiz de Queiróz. Data de Julgamento: 06/05/2022. 9ª Câmara de Direito Privado. Data de Publicação: 6/5/2022.

POPULAÇÃO LGBTQIAPN+. In: https://www.gov.br/saude/pt-br/composicao/saps/equidade-em-saude/populacao-lgbtqiapn

TRIBUNAL DE JUSTIÇA DE SÃO PAULO. AC 1008683 7920178260562 SP 1008683-79.2017.8.26.0562, Relator: Ana Zomer, Data de Julgamento: 1/9/2022, 6ª Câmara de Direito Privado, Data de Publicação: 1/9/2022).